環境教育指導資料
［中学校編］

国立教育政策研究所
教育課程研究センター

は じ め に

　豊かな環境を維持しつつ，持続可能な社会を構築するためには，広く国民全体で環境の保全に取り組むことが大切です。このため，学校，家庭，地域が連携し，子供から大人まで一人一人が，知識だけでなく体験活動を通じ，環境に対する理解と関心を深め，具体的な行動に結び付けられるよう，環境教育を推進することが重要です。

　近年の我が国の環境教育の推進等については，「環境の保全のための意欲の増進及び環境教育の推進に関する法律の一部を改正する法律」の公布・施行や，国連「持続可能な開発のための教育（ESD）の10年」に関わる一連の取組，学習指導要領における環境教育に関する学習内容の一層の充実など，様々な施策や取組がなされてきています。

　このような我が国の環境教育に関する最新の動向を踏まえつつ，国立教育政策研究所教育課程研究センターでは，平成26年度に環境教育指導資料〔幼稚園・小学校編〕を作成しました。本指導資料は，これに続く〔中学校編〕であり，学校教育において環境教育の取組の一層の充実が図られるよう，指導のポイントや留意点などを具体的な実践事例とともに紹介しています。

　本指導資料は，以下のような三つの内容で構成されています。

① 　今求められる環境教育

　持続可能な社会の構築と環境教育の関わりや学校における環境教育について，「国連持続可能な開発のための教育（ESD）の10年」に関わる一連の取組や法整備，審議会答申などの国内外の動向，学習指導要領における環境に関する学習内容の充実などを総合的に解説しました。

② 　中学校における環境教育

　小学校からの環境教育の蓄積を受け，高等学校への架け橋となる，中学校ならではの環境教育の基本的な考え方や環境教育推進に当たっての留意点等について解説しました。

③ 　中学校における実践事例

　「環境教育を通して身に付けさせたい能力や態度（例）」「環境を捉える視点（例）」を踏まえ，各教科，道徳，総合的な学習の時間及び特別活動における環境教育に関する実践事例や環境教育推進に当たっての留意点等について解説しました。

　各学校においては，本書を参考として環境教育についての理解を深め，創意工夫を生かした取組を推進されることを期待しています。

　最後に，本書の作成協力者の方々及び作成に献身的な御協力を頂いた方々に心から感謝の意を表します。

　平成28年12月

国立教育政策研究所
教育課程研究センター長
梅　澤　　敦

環境教育指導資料（中学校編）目次

第1章　今求められる環境教育

第1節　持続可能な社会の構築と環境教育

1　広がる環境教育 …………………………………………………………………… 6
2　持続可能な開発のための教育（ESD）を踏まえた環境教育の展開 …………… 7
3　我が国の環境教育を取り巻く施策と取組 ……………………………………… 8

第2節　学校における環境教育

1　学習指導要領等における環境教育 ………………………………………………12
　(1)　知識基盤社会における「生きる力」……………………………………………12
　(2)「生きる力」を育成する環境教育 ………………………………………………12
2　環境教育における体験活動の充実 ………………………………………………14
3　環境教育推進に向けた連携の在り方 ……………………………………………16
　(1)　校内の連携で取り組む環境教育 ………………………………………………16
　(2)　校種間の連携で取り組む環境教育 ……………………………………………16
　(3)　家庭や地域等との連携で取り組む環境教育 …………………………………17
　(4)　社会教育施設等との連携で取り組む環境教育 ………………………………17

第2章　中学校における環境教育

第1節　中学校における環境教育の推進

1　中学校における環境教育のねらい ………………………………………………22
2　環境教育の指導の重点 ……………………………………………………………23
　(1)　環境に対する豊かな感受性や探究心を育成する ……………………………23
　(2)　環境に関する思考力や判断力を育成する ……………………………………23
　(3)　環境に働き掛ける実践力を育成する …………………………………………23
3　環境教育を通して身に付けさせたい能力や態度 ………………………………24
4　環境を捉える視点 …………………………………………………………………25
5　環境教育で重視する能力・態度，視点とESDとの関係性 ……………………26

第2節　各教科等における指導と評価の工夫

1　環境教育を通して身に付けさせたい能力や態度の明確化 ……………………27
2　体験活動を取り入れた指導方法及び指導内容の工夫 …………………………28
3　各教科等における環境教育の内容の関連付け …………………………………29

4　評価の観点と評価方法 ……………………………………………………………31
　　　(1) 環境教育における評価の観点等 ………………………………………………31
　　　(2) 評価の方法及び時期 ……………………………………………………………31

第3節　教育課程の編成と改善の視点を生かした指導と評価の工夫

　　1　学校全体で環境教育に取り組むための教育課程の編成 …………………………33
　　　(1)「全体計画」作成の留意点 ……………………………………………………33
　　　(2)「年間指導計画」作成の留意点 ………………………………………………36
　　2　「連携」を重視した教育課程の編成 ………………………………………………40
　　3　教育課程の編成と改善の視点を生かした教育課程の評価と改善 ………………40

第3章　中学校における実践事例

　　〔掲載事例の特徴〕………………………………………………………………………44
　　〔実践事例の読み取り方〕………………………………………………………………45
　事例1《社会（地理的分野）》第2学年「身近な地域における持続可能な環境を考える」……46
　事例2《社会（公民的分野）》第3学年「『現代社会をとらえる見方や考え方』～『建設的な妥協点』を見付けよう～」……50
　事例3《理科（第1分野）》第3学年「新エネルギーの利用」…………………………54
　事例4《理科（第2分野）》第2学年「気象観測と環境」………………………………58
　事例5《技術・家庭（技術分野）》第1学年「自分で育てた作物からバイオディーゼル燃料を作ろう」……62
　事例6《技術・家庭（家庭分野）》第1学年「私のエコライフを考えよう」…………66
　事例7《道徳》第3学年「コウノトリの郷」……………………………………………70
　事例8《総合的な学習の時間①》第3学年「未来の日本と地球のために私たちができること」………74
　事例9《総合的な学習の時間②》第2学年「嵯峨嵐山をフィールドに環境について学び，行動する」……78
　事例10《特別活動（学校行事）》第3学年「環境問題を身近に学ぶ修学旅行」………82

参考資料

　　1　環境教育に関係するウェブサイト ……………………………………………………88
　　2　環境教育に関する主な法令等 …………………………………………………………89
　　3　《道徳》「コウノトリの郷」（兵庫県道徳副読本 中学校「心かがやく」より）………90
　　4　《総合的な学習の時間①》（「岡崎市環境学習プログラム」より）…………………94
　　5　《総合的な学習の時間②》（「京都市環境教育スタンダード・ガイドライン」より）………97

第1章　今求められる環境教育

第1節　持続可能な社会の構築と環境教育

1　広がる環境教育

　健全で恵み豊かな環境を維持することは，人間が健康で文化的な生活を確保していく上で欠くことができないものです。しかし，現在，地球上には環境破壊につながる様々な問題が生じています。そうした問題は，都市化や生活様式の変化に伴うごみの増加，水質汚濁，大気汚染などの都市型，生活型の公害問題にとどまらず，地球温暖化，オゾン層の破壊，熱帯林の減少などのように地球的規模の環境問題にまで広がっています。これにより，人類の生活環境や生物の生息環境に，広範で深刻な影響を及ぼすことが懸念されており，世界共通の課題となっています。そこで，その解決に向けて，有限な地球環境の中で，環境負荷を最小限にとどめ，資源の循環を図りながら地球の生態系を維持できるよう，一人一人が環境保全に主体的に取り組むようになること，そして，それを支える社会経済の仕組みを整えることにより，持続可能な社会を構築することが強く求められており，環境教育の重要性は，ますます高まっています。

　今，世界は，「グローバリゼーションの時代」と呼ばれています。グローバル化した社会で求められている環境教育は，そういう社会の在り方と深く結び付いたものです。「環境教育（Environmental Education）[*1]」は，次年表に示すとおり，昭和23（1948）年の国際自然保護連合（IUCN）の設立総会で提唱されましたが，この概念が広く使われる契機となったのが，国連人間環境会議（ストックホルム会議）での人間環境宣言です。ストックホルム会議が開催された1970年代は，いわゆる環境革命の時代とも呼ばれています。この頃ようやく社会では，科学（生態学）的な保護・保全手法にとどまらず，自然環境に大きな負荷を掛けている社会や文明の在り方そのものを見直す必要があると意識されるようになりました。

　また，ユネスコ環境教育専門家ワークショップ（ベオグラード会議）において，環境教育の目的（認識，知識，態度，技能，評価能力，参加）や環境教育の目標が確認されました。

> （参考）ベオグラード憲章・環境教育の目標
> 　環境とそれに関連する諸問題に気付き，関心を持つとともに，現在の問題解決と新しい問題の未然防止に向けて，個人及び集団で活動するための知識，技能，態度，意欲，実行力を身に付けた人々を世界中で育成すること

　こうした環境教育の理解に大きな影響を与えたのが，「持続可能な開発（Sustainable Development）」（世界環境保全戦略）の概念であり，「将来の世代のニーズを満たす能力を損なうことなく，今日の世代のニーズを満たすような開発」（ブルントラント委員会最終報告書）と定義される国際的な取組の緊急性が明らかとなりました。ブルントラント委員会報告を契機に，「環境的公正（environmental justice）」という概念が広く使われるようになりましたが，これは私たちの行動や

[*1]（参考）人間環境宣言第19項
　環境問題についての若い世代と成人に対する教育は——恵まれない人々に十分に配慮して行うものとし——個人，企業及び地域社会が環境を保護向上するよう，その考え方を啓発し，責任ある行動を取るための基盤を拡げるのに必須のものである。マスメディアは，環境悪化に力を貸してはならず，全ての面で，人がその資質を伸ばすことができるよう，環境を保護改善する必要性に関し，教育的な情報を広く提供することが必要である。

生活が同時代に生きる全ての人々に大きな影響を与えているだけでなく、まだ生まれてきていない将来の世代にも大きな影響を与えること（世代間公正）を強く意識しようというものです。

　この考え方は、その後の環境と開発に関する国連会議（地球サミット）での地球環境問題に関する国際的な取組（気候変動枠組条約、生物多様性条約など）の合意に結び付き、環境と社会に関する国際会議（テサロニキ会議）を経て、持続可能な開発に関する世界首脳会議（ヨハネスブルグ・サミット）の「持続可能な開発のための教育（Education for Sustainable Development／ESD）」や「国連持続可能な開発のための教育の10年（UNDESD）」へとつながっています。また、国連持続可能な開発会議（リオ+20）やESDに関するユネスコ世界会議（DESD最終年会合）を経た今日では、自然環境に対する社会の対応の在り方に再度焦点を当て、環境教育の意義を改めて見つめ直す必要性も出てきています。

　このように、環境教育は、様々な世界情勢を踏まえながら、時代とともにグローバルに広がりつつあります。そこでその取組は、地域によって自然環境や生活環境が異なることから、まずは地域の特性など実感として捉えやすい身近な問題に目を向けた教育や学習内容で構成し、体験的な活動から始めることが考えられます。その上で、身近な環境問題が地域レベルの環境問題に、更には地球的規模の環境問題につながっていることを認識させ、地球環境に配慮した問題解決の意欲、能力、態度、行動力、価値観などを育てていくことが大切です。

【環境教育に関わる主な出来事】

年	主な出来事
昭和23（1948）年	国際自然保護連合（IUCN）設立総会：「環境教育」の提唱
昭和47（1972）年	ストックホルム会議：人間環境宣言で「環境教育」の重要性を強調
昭和50（1975）年	ベオグラード会議：環境教育の目的と目標を位置付け
昭和55（1980）年	世界環境保全戦略：「持続可能な開発」の提唱
昭和62（1987）年	ブルントラント委員会最終報告書
平成4（1992）年	地球サミット：気候変動枠組条約、生物多様性条約など
平成9（1997）年	テサロニキ会議：「持続可能性」概念の定義
平成14（2002）年	ヨハネスブルグ・サミット：「持続可能な開発のための教育（ESD）」の提唱
平成17（2005）年	「国連持続可能な開発のための教育の10年（UNDESD）」の開始（〜2014年）
平成22（2010）年	生物多様性条約第10回締約国会議（COP10）開催（愛知・名古屋）
平成23（2011）年	東日本大震災
平成24（2012）年	リオ+20会議：グリーンエコノミーの提唱
平成26（2014）年	ESDに関するユネスコ世界会議（DESD最終年会合）

2　持続可能な開発のための教育（ESD）を踏まえた環境教育の展開

　平成14（2002）年に開催された「持続可能な開発に関する世界首脳会議（ヨハネスブルグ・サミット）」において我が国が提案し、また、同年の第57回国連総会において、平成17（2005）年から平成26（2014）年までの10年間を「国連持続可能な開発のための教育の10年（UNDESD）」とすることが満場一致で採択されました。

　持続可能な開発のための教育とは、「持続可能な社会づくりの担い手を育む教育」のことであり、「持続可能な開発（Sustainable Development／SD）」[*2]とは、「将来の世代のニーズを満た

す能力を損なうことなく，今日の世代のニーズを満たすような開発」や「人間を支える生態系が有する能力の範囲内で営みながら，人間の生活の質を向上させること」と定義されています。

　ESDは，環境的視点，経済的視点，社会・文化的視点から，より質の高い生活を次世代も含む全ての人々にもたらすことのできる開発や発展を目指した教育であり，持続可能な未来や社会の構築のために行動できる人材の育成を目的としているものです。

　「国連持続可能な開発のための教育の10年（UNDESD）」の最終年である平成26（2014）年11月には，日本政府とユネスコ等の共催により，岡山市と名古屋市において「持続可能な開発のための教育に関するユネスコ世界会議」が開催されました。そこでは，「ESDに関するグローバル・アクション・プログラム（GAP）」[*3]が公式に発表され，持続可能な開発を加速するために，教育，学習の全ての段階・分野で行動を起こし強化することが求められました。

　こうしたことを踏まえると，学校教育と社会教育の融合を図り，幼児教育から全ての学校段階，そして生涯学習へとつなぐ豊かな環境教育を構築するために，持続可能な社会の構築を目指してESDの視点を取り入れた新たな環境教育を構想することが有益であると考えられます。

　その際，ESDは環境教育においてのみ取り上げられるべきものではなく，**図1**にあるとおり，持続可能な開発の在り方をそれぞれの実施主体においてどのように捉えるかにより，様々な観点や分野に立った取組が可能であること，また，ESDを通してどのように社会・世界と関わり，より良い人生を送るかといった，学びを人生や社会に生かそうとする，学びに向かう力・人間性等の涵養につながることに留意する必要があります。

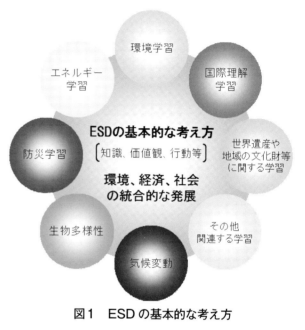

図1　ESDの基本的な考え方

3　我が国の環境教育を取り巻く施策と取組

　我が国の環境保全の意欲の増進及び環境教育を取り巻く施策と取組に関しては，これまで次に示す様々な施策及び取組がなされています。

　〇平成15（2003）年7月には，「環境の保全のための意欲の増進及び環境教育の推進に関する

＊2　「環境と開発に関する世界委員会」（委員長：ブルントラント・ノルウェー首相（当時））が1987年に公表した報告書「Our Common Future」の中心的な考え方として取り上げた概念で，環境と開発を互いに反するものではなく共存し得るものとして捉え，環境保全を考慮した節度ある開発が重要であるという考えに立つものです。

＊3　「国連持続可能な開発のための教育の10年（UNDESD）」（2005〜2014年）の後継プログラムで，2015年以降のESD推進に大きく貢献するものと期待されています。2013年のユネスコ総会にて採択され，特に五つの優先行動分野（①政策的支援，②機関包括型アプローチ，③教育者，④ユース，⑤地域コミュニティ）に焦点を合わせています。

法律」が制定され，平成 16（2004）年 9 月には，この法律に基づき，環境教育の推進や環境の保全に向けた意欲を高めていくための措置などを盛り込んだ「環境保全の意欲の増進及び環境教育の推進に関する基本的な方針」が閣議決定された。

○平成 18（2006）年 12 月に改正された教育基本法第 2 条第 4 項では，教育の目標[*4]に「生命を尊び，自然を大切にし，環境の保全に寄与する態度を養うこと。」が新たに規定された。また，教育基本法の改正を受けて，平成 19（2007）年 6 月に改正された学校教育法第 21 条第 2 項には，義務教育の目標として，「学校内外における自然体験活動を促進し，生命及び自然を尊重する精神並びに環境の保全に寄与する態度を養うこと。」が新たに規定された。

○平成 20（2008）年 1 月の中央教育審議会答申には，「社会の変化への対応の観点から教科等を横断して改善すべき事項」として「環境教育」が盛り込まれた。現在課題となっている地球的規模の環境問題や都市型，生活型の公害問題の解決に向けて，有限な地球における環境負荷を最小限にとどめ，資源の循環を図りながら生態系を維持できるよう，一人一人が環境保全に主体的に取り組むようになること，そして，それを支える社会経済の仕組みを整えることにより，持続可能な社会を構築することが強く求められた。このような状況を踏まえ，持続可能な社会の構築のために，教育の果たす役割の重要性が認識され，様々な取組が進められてきた。

○平成 20（2008）年及び 21（2009）年に改訂された幼稚園，小・中学校及び高等学校の学習指導要領等においては，環境に関する学習内容の一層の充実が図られた。例えば，学校教育全体で行われる道徳教育の目標の一つとして，環境の保全に貢献する日本人を育成するために，その基盤としての道徳性を養うことが明記された。また，社会科，理科，技術・家庭科などを中心に環境に関わる内容を拡充しており，特に中学校の社会科及び理科においては，それぞれのまとめの学習として持続可能な社会の形成に関わる内容が新設された。

○平成 23（2011）年 6 月に「環境の保全のための意欲の増進及び環境教育の推進に関する法律」の改正法である「環境教育等による環境保全の取組の促進に関する法律」が公布され，平成 24（2012）年 10 月に全面施行された。この法律では，「環境教育」は「持続可能な社会の構築を目指して，家庭，学校，職場，地域その他のあらゆる場において，環境と社会，経済及び文化とのつながりその他環境の保全についての理解を深めるために行われる環境の保全に関する教育及び学習」と定義され，目的や基本理念等には，協働取組の推進，循環型社会の形成，環境保全と経済・社会との統合的発展，生命の尊重等が追加された。また，同年 6 月には，旧法に基づく基本方針が改正され，「環境保全活動，環境保全の意欲の増進及び環境教育並びに協働取組の推進に関する基本的な方針」が閣議決定された。

---

*4 「教育基本法」では，教育の目標として次の五つの事項が示されています。①幅広い知識と教養を身に付け，真理を求める態度を養い，豊かな情操と道徳心を培うとともに，健やかな身体を養うこと。②個人の価値を尊重して，その能力を伸ばし，創造性を培い，自主及び自律の精神を養うとともに，職業及び生活との関連を重視し，勤労を重んずる態度を養うこと。③正義と責任，男女の平等，自他の敬愛と協力を重んずるとともに，公共の精神に基づき，主体的に社会の形成に参画し，その発展に寄与する態度を養うこと。④生命を尊び，自然を大切にし，環境の保全に寄与する態度を養うこと。⑤伝統と文化を尊重し，それらをはぐくんできた我が国と郷土を愛するとともに，他国を尊重し，国際社会の平和と発展に寄与する態度を養うこと。

また，近年では，環境問題がより複合的になり，単に環境的な側面のみからその要因等を捉えることが困難になる中，社会の持続可能性というより広範な概念の中で環境問題を取り上げたり，持続可能な開発のための教育（ESD）という範疇の中で環境教育を捉えたりする考え方も広がり，ESDとしての環境教育，また，ESDそれ自体の動向についても注視していく必要性が生じてきました。

○平成26（2014）年10月に，「国連持続可能な開発のための教育の10年（UNDESD）」関係省庁連絡会議は，「国連ESDの10年」の提唱国として，また，「ESDに関するユネスコ世界会議」の開催国として，国内の取組を喚起するとともに，平成27（2015）年以降の諸外国における取組の参考としてもらうために，「国連持続可能な開発のための教育の10年（2005～2014年）ジャパンレポート」を作成した。そこでは，「わが国における『国連持続可能な開発のための教育の10年』実施計画」（平成18年連絡会議決定，平成23年改訂）に基づく取組や成果及び国内の優良事例として，小学校の校舎を教材に使った環境学習プログラムの開発，中学生がボランティア団体をつくって活動するホタル復活プロジェクト，海外の高等学校とのネットワークを生かしたごみ問題の解決などの事例が紹介された。

○平成26（2014）年11月に，文部科学大臣は中央教育審議会に対して，初等中等教育における教育課程の基準等の在り方について諮問した。その中で，「ある事柄に関する知識の伝達だけに偏らず，学ぶことと社会とのつながりをより意識した教育を行い，子供たちがそうした教育のプロセスを通じて，基礎的な知識・技能を習得するとともに，実社会や実生活の中でそれらを活用しながら，自ら課題を発見し，その解決に向けて主体的・協働的に探究し，学びの成果等を表現し，更に実践に生かしていけるようにすることが重要であるという視点」が示され，その取組の例として，「持続可能な開発のための教育（ESD）」の取組が挙げられた。

○平成27（2015）年5月の教育再生実行会議第7次提言「これからの時代に求められる資質・能力と，それを培う教育，教師の在り方について」では，「持続可能な社会の実現が課題となっていることを踏まえ，国，地方公共団体，学校は，体験型・課題解決型の学習を通じて，環境，貧困などの世界規模の課題を自らのこととして捉え，地域活動など身近なところから取り組み，その解決に向けて考え，他者とも力を合わせて行動できる人材を育成するための教育（ESD）を推進する」ことが示された。

○平成28（2016）年3月に開かれた，持続可能な開発のための教育に関する関係省庁連絡会議では，「我が国における『持続可能な開発のための教育（ESD）に関するグローバル・アクション・プログラム』実施計画」が策定され，持続可能な開発のためには，地球上で暮らす我々一人一人が，環境問題や開発問題等の理解を深め，日常生活や経済活動の場で，自らの行動を変革し，社会に働き掛けていくことの必要性が改めて示された。

こうした動向を踏まえ，各学校で行われる環境教育においては，ESDの視点[*5]などを踏まえつつ様々な課題を多面的，総合的に探究し，実践に結び付けていく具体的な学習活動を一層強化していくことが求められています。

[*5] ESDの視点の例として，国立教育政策研究所は「ESDの学習指導過程を構想し展開するために必要な枠組み」を示しています。そこでは，学校教育におけるESDの目指すべき目標を定めた上で，課題を見いだすための六つの視点（構成概念）〔Ⅰ 多様性，Ⅱ 相互性，Ⅲ 有限性，Ⅳ 公平性，Ⅴ 連携性，Ⅵ 責任性〕，身に付けたい七つの力（能力・態度）〔❶批判的に考える力，❷未来像を予測して計画を立てる力，❸多面的，総合的に考える力，❹コミュニケーションを行う力，❺他者と協力する態度，❻つながりを尊重する態度，❼進んで参加する態度〕，指導を進める上での三つの留意事項（A 教材の「つながり」，B 人の「つながり」，C 能力・態度の「つながり」）を例示・整理し，提案しています。

第2節　学校における環境教育

1　学習指導要領等における環境教育

(1)　知識基盤社会における「生きる力」

　21世紀は，「知識基盤社会」の時代であると言われています。「知識基盤社会」とは，これまでとは質的にも量的にも異なった新しい知識や情報，あるいは技術といったものが，政治，経済，文化をはじめ，社会のあらゆる領域・分野での活動の基盤として飛躍的に重要性を増す社会を意味します。このような社会の「知識基盤化」は，商品や製品などのような実体を伴うものだけではなく，アイデアや知識，情報などのような具体的な実体を伴わないものを含めて流通，流動の壁が取り払われ，グローバル化の進展を促進することを意味しており，国際競争を加速させるとともに，異なる文化や文明と共存を図り，国際的な協力の必要性を増大させています。

　このような状況において，確かな学力，豊かな心，健やかな体の調和を重視する「生きる力」[*6]を育むことがますます重要になっています。「生きる力」という理念は，知識や技能に加えて学ぶ意欲や問題解決の能力までも含めた「確かな学力」，自律する心や協調心，他人を思いやる心や感動する心を含む「豊かな人間性」，たくましく生きるための「健康・体力」の三つの要素から構成されますが，その根底には変化の激しいこれからの社会を生きる児童生徒に身に付けさせたい力としての強い願いが込められています。すなわち，変化の激しいこれからの時代，いかに社会が変化しようとも，児童生徒に必要となる不易の「力」の育成が求められています。未来を切り開いていく児童生徒一人一人の全人的な力として「生きる力」を捉えていく必要があります。

(2)　「生きる力」を育成する環境教育

　環境教育の立場からできることを精査し，「生きる力」を育成していくことは極めて重要です。もとより環境教育は広範囲で多面的，総合的な内容を含んでおり，各学校段階，各教科等を通じた横断的・総合的な取組を必要とします。そのため，学校における環境教育は，以前から特別の教科等を設けることは行わず，各教科，道徳，総合的な学習の時間及び特別活動の中で，それぞれの特性に応じ，また，相互に関連させながら学校の教育活動全体の中で実施するようにしています。このことを踏まえて，各学校においては，環境教育に関する指導計画等を作成する際，各教科等を通じた横断的・総合的な取組を進めることが重要であり，教育課程の編成，実施に当たっては，各教科等のうち，あるいは各教科等間で関連を図りながら環境に関する学習の充実に配慮する必要があります。すなわち，学校で進める環境教育においては，教育課程の編成，実施の流れの中で，環境に関わる学習の機会や場面を計画的に設けるように工夫することが重要です。

　小学校学習指導要領及び中学校学習指導要領の「総則編」では「教育課程編成の一般方針」の中で，教育基本法及び学校教育法に定められた教育の根本精神に基づき，学校の教育活動全体を通じて行う道徳教育の目標において，環境の保全に貢献し未来を拓く主体性のある日本人の育成を求めています。このうち，「環境の保全」という文言は新しく加えられたものであり，平成20年版学習指導要領において環境教育をより重視している姿勢が示されています。

[*6]　平成8年の中央教育審議会第一次答申「21世紀を展望した我が国の教育の在り方について」で初めて提案されました。

今後は，各教科，道徳，総合的な学習の時間及び特別活動のそれぞれの特質に応じ，環境に関する学習が充実されるよう配慮する必要があります。例えば，社会科において，環境，資源・エネルギー問題などの現代社会の諸課題についての学習の充実を図ること，理科において，野外での発見や気付きを学習に生かす自然観察や，エネルギー学習の充実を図ること，家庭科，技術・家庭科において，資源や環境に配慮したライフスタイルの確立，技術と社会・環境との関わりに関する内容の改善・充実を図ることなどが考えられます。また，幼児教育の段階から，発達の段階に応じて自然体験などの体験活動を引き続き進めていく必要があります。

　中学校における環境教育に関わる主な内容として，例えば次のようなものとなります。

中学校における環境教育に関わる主な内容

〈総則〉
○環境の保全に貢献し未来を拓く主体性のある日本人を育成するため，その基盤としての道徳性を養う

〈社会〉
　（地理的分野）
○世界の人々の生活や環境の多様性
○環境やエネルギーに関する課題
○自然環境が地域の人々の生活や産業と関係をもっていること
○持続可能な社会の構築のため，地域における環境保全の取組の大切さ
　（公民的分野）
○公害の防止などの環境の保全
○地球環境，資源・エネルギーなどの課題解決のための経済的，技術的な協力の大切さ
○持続可能な社会の形成の観点から解決すべき課題の探究

〈理科〉
　（第1分野）
○日常生活や社会における様々なエネルギー変換の利用
○人間は，水力，火力，原子力などからエネルギーを得ていること，エネルギーの有効利用の大切さ
○放射線の性質と利用
　（第1分野，第2分野）
○自然環境の保全と科学技術の利用の在り方についての科学的考察
○持続可能な社会をつくることの重要性の認識
　（第2分野）
○自然環境を調べ，様々な要因が自然界のつり合いに影響していることの理解
○自然環境保全の重要性の認識
○地球温暖化，外来種

〈保健体育〉
　（保健分野）
○環境の保全に十分配慮した廃棄物の処理の必要性
○地域の実態に即した公害と健康の関係の取扱い

〈技術・家庭科〉
　（技術分野）
○技術の進展が資源やエネルギーの有効利用，自然環境の保全に貢献
○生物の育成環境と育成技術，生物育成に関する技術を利用した栽培又は飼育

〈家庭分野〉
○自分や家族の消費生活が環境に与える影響について考え，環境に配慮した消費生活についての工夫，実践
〈外国語〉
○外国や我が国の生活や文化についての理解を深めるとともに，言語や文化に対する関心を高め，これらを尊重する態度を育てる
〈道徳〉
○自然の愛護
〈総合的な学習の時間〉
○体験活動，観察・実験，見学や調査，発表や討論などの学習活動
〈特別活動〉
○学級活動，生徒会活動，学校行事
《出典》
文部科学省　平成20（2008）年　「中学校学習指導要領」

　なお，ESDについては，中央教育審議会初等中等教育分科会教育課程部会における「次期学習指導要領等に向けたこれまでの審議のまとめ」（平成28年8月）が示すように，ESDをはじめとする教科等を越えた教育課程全体の取組を通じて，子供たち一人一人が，自然環境や地域の将来などを自らの課題として捉え，そうした課題の解決に向けて自分ができることを考え実践できるようにしていくことが重要です。これらの取組を通じて，各教科等の意義を再確認しつつ，教育課程を総体として捉えて，育むべき資質・能力を明確にし，それらを子供たちが確実に身に付けることができるよう教育課程を編成することで，「生きる力」の理念を各教科等の隅々にまで浸透させ，実現していくことが可能となることに留意する必要があります。

　その上で，こうした社会とのつながりの中で学校教育を展開していくことは，我が国が社会的な課題を乗り越え，未来を切り拓いていくための大きな原動力となります。また，人口減少下での様々な地域課題の解決に向けても，社会に開かれた学校での学びが，子供たち自身の生き方や地域貢献につながっていくとともに，地域が総掛かりで子供の成長を応援し，そこで生まれる絆を地域活性化の基盤としていくという好循環をもたらすことを踏まえた実践が求められます。

　併せて，グローバル化が進む中で世界と向き合うことが求められている我が国においては，日本のこととグローバルなことの双方を相互的に捉えながら，社会の中で自ら問題を発見し解決していくことができるよう，ESDを通じて，自国と世界の歴史の展開を広い視野から考える力や，思想や思考の多様性の理解，地球規模の諸問題や地域課題を解決し，持続可能な社会づくりにつながる地理的な要素についても身に付けていく必要があります。

2　環境教育における体験活動の充実

　社会の変化に伴う児童生徒の自然体験などの機会の減少等を考えると，学校内外を通じて児童生徒の多様な体験活動の充実を図り，それを補うことが求められます。環境教育においては，体験活動が学習活動の根幹となっていると言っても過言ではなく，実際に，自然環境の保全を考える際にも，自然の大切さを感じるような体験がなければ，その保全をしようという強い思いは生まれ難くなります。そこで，環境教育を充実させるに当たっては，豊かな体験活動を推進し，児童生徒一人一人の学びや活動に深まりや広がりを持たせていくことが重要です。

　中学校段階においては，生徒が幼稚園・小学校で様々な体験活動をしてきていることを生か

し,その体験を想起させたり,生徒自身が中学校においても体験活動をしたりする中で,感性を働かせ,問題解決に取り組ませることが大切です。このような学習の過程の中で,生徒は自らの環境に対する興味・関心を高め,環境に配慮することの意義や意味を捉え直し,具体的な行動に移していくことが期待されます。また,体験活動に加えて環境に関する様々な知識や,環境を測定する技能とともに,人と積極的に関わりコミュニケーションを取りながら妥協点を見いだしていくような能力も求められます。したがって,体験活動とコミュニケーションを一連のものとして捉えておく視点が必要で,このような体験活動は,幼稚園・小学校だけでなく,中学校の生徒の学びと成長の過程全体においても重要なものです。

体験活動の意義としては,以下のことが考えられます。

体験活動の意義

① 現実の世界や生活などへの興味・関心,意欲の向上
② 問題発見や問題解決能力の育成
③ 思考や理解の基盤づくり
④ 教科等の「知」の総合化と実践化
⑤ 自己との出会いと成就感や自尊感情の獲得
⑥ 社会性や共に生きる力の育成
⑦ 豊かな人間性や価値観の形成
⑧ 基礎的な体力や心身の健康の保持増進

《出典》
文部科学省　平成14(2002)年　「体験活動事例集―豊かな体験活動の推進のために―」

このような体験活動の意義を踏まえ,学校の段階に応じ,全ての児童生徒が豊かな体験活動の機会を得られるようにすることが重要です。

中学校における体験活動は,特定の教科・領域等での取組にとどまらず,教育課程全体に適切に位置付け,総合的に推進することによってより大きな成果を期待できます。また,学校として保護者や地域の社会教育施設,団体等に理解と協力を求め,学校外での活動の場や指導者の確保を図っていく必要があります。とりわけ,中学校においては,生徒や学校,地域の実態等を踏まえ,教育目標の達成に取り組む観点から,まとまりのある体験活動を適切に計画,実施することが期待されます。ほかの教育活動と同様,各学校において体験活動を計画するに当たっては,①ねらいに沿った体験活動を工夫すること,②生徒の成長の過程や実態を踏まえること,③地域の実情を踏まえること,④まとまった時間を確保すること,⑤各教科等における学習指導との関連を図ることなどに配慮することが大切です。

環境教育の基本となるのは,環境とそれに関わる問題や実態について,生徒が興味・関心を持つことです。したがって,生徒が自分を取り巻く環境に対して意欲的に関わり,それらに対する感受性を豊かにすることができるように努める必要があります。また,中学校の段階は,自らの行動により,環境や社会が変化することを予測することができる発達段階にあります。場合によっては校内だけでなく,地域等学校外に働き掛けるなど社会的な影響を行使し,環境を変えることができる段階でもあります。ここでの学習を通して,自分たちの行動が社会に影響を与えたり,自分たちの取組により環境が変化したりするのを実際に経験することができた生徒たちは,社会や環境に継続的に関心を持ち,積極的に関わっていくものと期待されます。教員は,このような未来の環境に前向きな生徒を育成していくことが求められます。

3　環境教育推進に向けた連携の在り方

　環境教育は，基本的に地域に根ざして取り組まれることが多いことから，地域の実態等に合わせて校種間の一貫性，段階性に配慮する必要があります。すなわち，幼稚園，小学校，中学校といったそれぞれの段階におけるねらいを踏まえ，児童生徒の発達に応じて推進していくことが大切です。(環境教育指導資料【幼稚園・小学校編】p.17，33 及び本編 p.22 参照)

(1) 校内の連携で取り組む環境教育

　中学校は教科担任制であり，一般に環境教育においても，教科ごとに取り組んだり，総合的な学習の時間を中心に取り組んだりすることが考えられます。しかしながら，例えば，地域の環境を考える場合でも，その環境を良いと捉えるか課題があると捉えるか，その環境を変えていくべきか現状を維持すべきか，どのような方法で変えていくかなどを考える場合には，一つの教科等には収まりきらないものも出てきます。環境について考える場合には，物事を多面的，総合的に捉えていく必要があり，例えば，きっかけは一つの教科から始まったとしても，最終的には学校全体としてねらいを共有して，教育課程全体として取り組んでいくことが望まれます。その点において校内での教員間の連携こそが環境教育の鍵となると考えられます。

(2) 校種間の連携で取り組む環境教育

　環境教育の推進，充実を図っていくためには，校種間での連携を図ることも効果的です。児童生徒は，幼稚園，小学校，そして中学校へと学習の場を移していきます。それぞれの学校段階では，その学校段階でのねらいを踏まえつつ，児童生徒の発達に応じて円滑な接続を考えることが大切です。とりわけ環境教育においては，児童生徒が身近な環境に対して体験を通して働き掛けることを基盤としていますが，このことは校種を問わず共通の基盤として，常に大切なこととして考えなければなりません。その上で，各校種のねらいと活動内容の共有など，校種間の学びの連続性に配慮することが重要です。

　小学校の教科等における学習指導は，中学校へ系統的・発展的につながっています。そのため，教科として取り組む環境教育では，内容の関連を図りながら，段階的に学習を深め，広げていくことが可能となります。その際，環境や環境問題に対して進んで働き掛け，自らの生活との関係の中で問題を捉え，それを解決していこうとする課題解決的な能力や態度の育成を重視し，小学校，中学校の連携を図っていくことが大切です。

　幼稚園や小学校においては，一般的に，地域の自然や身近な生物との触れ合いを取り入れるなどの体験を中心とした環境教育を行っています。そのような幼稚園や小学校における体験を基盤とした環境教育の学習を基に，中学校では思考，表現を伴った活動が深まり，広がりながら実践されることが期待されます。そこで具体的な取組として，小学校で話し合った環境保全の取組を，中学校では生徒会から全校に呼び掛けたり，地域に働き掛けたりすることにより，保全活動の内容を深めるというようなことが考えられます。また，小学校で行った近隣や同一市区町村内の小学校を相手とした学習交流を基に，中学校でも近隣の中学校や環境の大きく異なる他地域の中学校と交流を行ったり，場合によっては外国語を使って海外の学校との交流を行ったりすることも，学習の広がりをもたらすものとして考えられます。なお，具体的に地域の環境に働き掛けていくような行動を計画する際には，生徒にその行動の意味や予期される結果を慎重に考えさせ，かつ様々な立場から多面的，総合的に検討を行わせるため，地域の社会教育施設，団体との連携等も含めて，協働的に学習が進むよう配慮することが大切です。

　小・中学校の連携を充実させるためには，互いの指導計画を交換し，指導内容を相互理解して

おくことが大切です。中学校の教員は，小学校においてこれまで生徒がどのような学習や体験をしてきたのかを把握して授業を考えること，小学校の教員は，中学校ではこれから児童がどのような学習や体験をするのかを見通して授業を考えることが大切です。さらに，総合的な学習の時間において環境教育を扱う場合は，小・中学校の学習内容のつながりや児童生徒に育成する能力・態度の系統性について明確にしておくことも大切です。そのためには，義務教育全体を一貫した指導計画案の提示を行うなど，連携を支援する教育行政の働きも重要です。

(3) 家庭や地域等との連携で取り組む環境教育

持続可能な社会づくりを担う実践力のある児童生徒の育成には，学校，家庭，地域社会が，それぞれの教育機能を十分に発揮するとともに，相互に連携を図り，学びや体験の充実を図ることが必要です。そのためには，学校で児童生徒が学んだ環境教育の学習内容が，家庭や地域において積極的に活用されたり，また，相互で培う学びが実感を伴ったものに深化したりするように配慮することが大切です。

そのような環境問題に取り組む一つの方法として，日常生活を環境に配慮したものにすることが考えられます。例えば，児童生徒が学校で学んだ節電やごみの減量・分別などの環境負荷を減らす工夫が，家庭や地域の中で実際に実践され，児童生徒がその成果を実感できるようにすることが考えられます。学校教育で身に付けた資質・能力は，家庭や地域における実生活に生かされることによって深められ，確かなものになります。このような実践力を身に付ける上で，学校，家庭，地域との連携は特に重要です。

家庭や地域と連携した環境問題に取り組むもう一つの方法として，地域の環境保全など，地域に役立つ活動に参加することがあります。児童生徒にとって，地域において何らかの役に立ちたいという思いは，環境問題に取り組む意欲を高める上で重要です。また，児童生徒にとって生活の場である地域は，身近な自然環境や生活環境に関わる問題に接することのできる貴重な体験の場でもあります。地域活動への参加は，その意義を十分に踏まえた場合，貴重な体験として生涯記憶に残るものとなります。児童生徒の体験を充実したものにするためには，学校と家庭，地域との連携が不可欠で，そのため，学校は，環境保全に取り組んでいる地域の自治会や社会教育関係団体等から児童生徒が学ぶ機会を設けるなどして，日常生活の中で地域の環境に関わる学びを深めたり，広げたりできるように指導を工夫することが大切です。

(4) 社会教育施設等との連携で取り組む環境教育

環境教育を充実させ，児童生徒の理解を深め，実際の行動に結び付けるためには，大学，博物館や科学館などの社会教育施設，環境保護団体をはじめとしたNPO，企業等に協力や連携を求めることも重要です。例えば，発表や議論の場にゲストティーチャーやインストラクターとして参加してもらって，専門家としてのコメントや情報を提供してもらったり，児童生徒の実態や学習の状況に留意しながら，具体的な体験談を話してもらったりすることが考えられます。ただし，社会教育施設等との連携を効果的に機能させるためには，次に述べるような学校側・教員側の工夫と配慮が不可欠です。

1点目は，社会教育施設等との連携の必要性を明確にすることです。これまでの環境教育の実施状況を点検し，教員の指導だけでは十分でなかった点を把握し，その課題の分析を通して，どのような協力を求めるべきかを検討することが大切です。その際，連携することが目的ではなく，その学習を通して児童生徒に身に付けさせたい態度・能力などの目標を明確にすることが必要です。

2点目は，共通理解と役割分担です。事前に学習目標，指導方法，評価方法などを明確にして，ゲストティーチャー等との意見交換を通して共通理解を図ることが必要です。学校外での学習を取り入れる場合に学習場所の下見を一緒に行ったり，事前に当該クラスの授業参観を通して児童生徒の実態を把握してもらったりすることも必要です。そして，指導及び評価を行う最終的な責任者は教員自身であることを自覚した上で，授業展開における教員とゲストティーチャー等との役割分担を明確にすることが大切です。さらに，学習の成果と課題についても，両者で共有したり，相互評価したりするなどして，それぞれが学習活動の工夫，改善を図ろうと努めることが望まれます。

　3点目は，社会教育施設等との連携に関する情報収集です。適当なゲストティーチャーが見当たらない，連携先に関する情報がないといったことも課題となり得ます。これについては，地方公共団体，教育委員会，大学，社会教育施設，NPO，企業等のWebページに，「出前授業」などの情報が掲載されていることも多いです。また，環境省環境教育推進室のWebページにおいては，可能な範囲において，環境教育・学習に関する情報を一元的に提供しているので，これらを参照することが考えられます。また，他の学校で招いたゲストティーチャー等の情報について，地域の教育研究会等を通じて共有することも考えられます。さらに，地域の環境学習をサポートする環境情報センターなどを活用することも有効です。こうした施設では，学校と社会教育施設等との間での連絡・調整，連携先の紹介・発掘，情報の集約・発信などを集中的に行っているところもあり，学校教育と社会教育が協働して環境教育を推進することも期待できます。

〈**コラム**〉 社会教育施設等との連携のヒント

　校内の教職員だけで環境教育の指導に当たるのではなく，校外の専門的な知識，技能を備えた人材と積極的に連携し，その支援を仰ぐことは，生徒のみならず教員の環境教育の実践にも刺激を与えてくれるものであり，開かれた学校づくりの観点からも極めて有用です。外部人材，外部機関から支援を受けることは，校内の環境教育の担当者が代わっても指導の継続性が担保されるといったメリットも期待できます。

　例えば，以下のような外部人材，外部機関との密接な連携によって，環境教育の深化，充実につながることが期待できます。

①コーディネータを配置する

　環境学習で外部人材，外部機関との連携を推進していく場合，連携を支援するコーディネータの存在が重要になります。学校の教職員がコーディネータを兼務することも多いですが，可能な範囲で学校外の専門のコーディネータ，例えば，地域のボランティアや行政，NPOに所属する人材にコーディネータ役を依頼することは，環境教育の取組を深めたり，広げたりする可能性を持っています。

　また，現在，環境省と文部科学省の協力の下，ESD推進ネットワークを構築するため，その窓口として，全国レベルでの「ESD活動支援センター」が設置され，全国8箇所の「地方ESD活動支援センター（仮称）」の設置準備が進められています。それぞれのセンターは，ESDの理念を踏まえた環境教育の推進のためにコーディネータ等の人材の紹介や助言が期待されています。

②環境情報センターを活用する

　日本各地に「環境情報センター」が設置されています。まだ，それほどの数はないですが，環境に関する情報やデータ，教育で使える素材や協力を依頼できる人材の宝庫でもあります。自分たちの地域の近くに環境情報センターがあるかどうかを確かめて，コンタクトを取ってみることも有用と考えられます。環境情報センターに，連携のコーディネータ役をお願いしたり，探してもらったりすることも期待できます。

③環境省環境教育推進室のWebサイトの活用

　環境省環境教育推進室のWebサイトにおいては，国，地方公共団体や民間企業等が提供する環境教育の教材等の情報を可能な範囲で集約し，一元的に提供しています。(https://edu.env.go.jp)

　ここでは，文部科学省との協力により作成された環境教育プログラムなども所収されており，学校として有用な様々な情報を得ることができます。

第 2 章　中学校における環境教育

第1節　中学校における環境教育の推進

1　中学校における環境教育のねらい

　中学校における環境教育では，小学校での学習を踏まえ，生徒一人一人が自分自身の周囲の様々な環境と関わりを持ったり，具体的な体験をしたりする中で，環境に対して関心を持ち，意欲的に関わっていくことが大切です。そうすることが，自ら問題を見いだし，その解決に向けて自ら計画を立てて追究していくことにつながるものと考えられます。

　環境教育における対象は，環境それ自体に加えて，自然と人間との関わり，環境問題と社会経済システムの在り方や生活様式との関わりなど多岐にわたり，その学習は必ずしも一つの方向に収斂しない場合も多く，「環境問題群」とも呼ばれることもあります。しかし，教科教育とは異なるこのような環境教育の特徴があるからこそ，そこで生徒が見いだした問題を解決しようとする過程において，多様な知識や技能，能力や態度などを身に付けることも可能となります。

　また，環境教育は目の前に存在し，その状況や変化の様子を可視的に把握しやすい教育であることから，生徒の日常生活や行動にも直結する教育であると言えます。環境保全のためにどのような生活を選択し，どのような行動を取るべきかなどについて考えることや，自ら責任ある行動を取り，協力して問題を解決していくことなどが大切です。さらに，日々の生活における環境への働き掛けだけでなく，持続可能な社会の構築に向けて，将来より良い環境を創造するための働き掛けができるような実践力を培うことにつないでいくことも重要です。

　これらのことは，生徒が環境に働き掛け，考え，行動していく一連の社会参画の過程としても捉えることができます。環境教育に関する学習指導要領の理念や国際的，国内的な要請等を踏まえ，中学校における環境教育の大きなねらいは，次のように整理できると考えられます。

〈中学校における環境教育のねらい〉

---

① 環境に対する豊かな感受性や探究心の育成
　自分自身を取り巻く環境に関する事物・現象に対して，興味・関心を持ち，意欲的に関わり，環境に対する豊かな感受性や探究心を持つ。

② 環境に関する思考力や判断力の育成
　様々な自然，社会の事物・現象の中から自ら環境に関する課題を見いだして，多面的，総合的に解決していく課題解決の力や，追究する課題についての知識や技能とともに，データや根拠に基づき，適切な判断を行おうとする環境に関する思考力や判断力を身に付ける。

③ 環境に働き掛ける実践力の育成
　持続可能な社会の構築に向けて，自ら責任ある行動を取り，他者との合意形成を図りながら協力して問題を解決していく実践力を培う。

---

2 環境教育の指導の重点

(1) 環境に対する豊かな感受性や探究心を育成する

　生徒の豊かな感受性や探究心を育成するためには，生徒が自らの課題に主体的に関わっていくことが重要です。

　そのため中学校においても，生徒の身近な事物や生活に関わりの深い事物・現象の中から，環境に関わる課題を取り上げ，その感受性を高めることが必要です。また，それと同時に，中学校段階であれば，自ら書籍を使って調べたり，インタビューを行ったり，有識者の講演を聞いたりする中で，地域的な規模から地球的規模に至る様々な実社会の課題へと探究心を喚起することも必要です。このように，体験・経験を通したものであれ，書籍やインターネットからの情報を通したものであれ，学習する内容が生徒自らの課題と合致している場合には，生徒はその豊かな感受性を研ぎ澄まし，活動の過程も探究的になっていくことが期待されます。

(2) 環境に関する思考力や判断力を育成する

　環境に関する思考力や判断力を育成するため，中学校段階ではその発達段階にふさわしい多面的，総合的に環境に関する問題を捉える視点が必要です。また，そこでは信頼できるデータか否かの取捨選択，収集したデータや根拠に基づく合理的な判断なども求められます。

　中学校段階になれば，地球規模の問題（例えば，地球の温暖化，オゾン層の破壊，熱帯林の減少など）に関心を持っている生徒も多いものと思われます。しかし，実際にはそれを表層的に捉えて分かったつもりになっていたり，身近に起こっている具体的な問題と関連付けられなかったりする生徒も少なからず存在するものと考えられます。身近な問題でも立場が変わると見方が変わることや，身近な問題が地域的な広がりを持ち，場合によっては地球的規模の問題にも関連することなど，環境に関する様々な事物，事象が「つながっている」という見方が大切です。このように，生徒が環境問題を多面的に把握するような機会を設定して，環境問題を総合的に捉えられるようにしていくことが大切であり，そうすることで，環境に関する思考力や判断力が育成され，高まっていくことが期待されます。

(3) 環境に働き掛ける実践力を育成する

　環境教育では，生徒が環境について学習することにより，日常生活を環境に配慮したものに変えたり，家庭や地域社会の中で実際に行動したりする実践力につなげることが大切です。

　そのため中学校段階においては，環境について自ら調べたことや発見したことを基に，クラスや学年内で話し合ったり，全校行事で発表し合ったりするなど，まずは自らの活動を積極的に発信する機会を設定することが望まれます。さらに，校内での協働的な学習に加えて，地域社会に向けても，成果を発信したり，意見をもらったりしてより良い実践に結び付けるなど，学校外の様々な人と組織とのつながりを持たせることは貴重な体験となります。生徒の発案した環境に関連するアイデアや提案が地域社会に取り上げられ，活用されていく様子を生徒が見れば，未来に向けて大いに希望を抱くことができるようになるものと思われます。

　その前提として，学校と家庭や地域社会との連携は重要で，様々な環境に関する体験や活動の場や機会を設定していくことが大切です。そして，その体験や活動の意義やねらいを明確にした上で，生徒の行動を通して家庭や地域と連携を図り，より良い環境の創造に向けて協働していくことが期待されます。

3 環境教育を通して身に付けさせたい能力や態度

　学校教育においては，各教科，道徳，総合的な学習の時間及び特別活動の目標や内容と，環境教育に関わる目標や内容とを関連付けるとともに，環境に積極的に働き掛け，環境保全やより良い環境の創造に主体的に関与できる能力の育成が図られなければなりません。また，地球環境を構成する一員として，地域の生活環境はもとより，時には地球的規模の環境に対する人類の責任や役割を理解し，積極的に働き掛ける態度を育成することが重要です。中学校のどの教科等でも基本的に育成しなければならない能力や態度のうち，環境教育を通して身に付けさせたい能力や態度として，例えば，次のようなものが考えられます。

【身に付けさせたい能力や態度（例）】　※〈　〉は略号。

・**環境を感受する能力〈感受〉**
　視覚や聴覚だけでなく触覚などを含む自らの諸感覚を活用して，環境を豊かに感受する能力の育成が必要となる。

・**問題を捉え，その解決の構想を立てる能力〈構想〉**
　環境や環境問題に対して進んで働き掛け，自らの生活との関係の中で問題を捉え，その問題を解決するための予想や仮説を立てて，それに基づいて観察や実験，調査等の計画を立てる能力の育成が必要となる。

・**データや事実，調査結果を整理し，解釈する能力〈解釈〉**
　データや事実，調査結果を整理し，原因と結果との関係や部分と全体，事実と判断の関係などを吟味し，解釈を行う能力の育成が必要となる。

・**批判的に考え，改善する能力〈批判〉**
　自分の考えを根拠や理由に立脚しながら主張したり，他者の考えを認識し，多様な観点からその妥当性や信頼性を吟味したりすることなどにより，批判的に捉え，自分の考えを改善するといった能力の育成が必要となる。

・**環境に興味・関心を持ち，自ら関わろうとする態度〈関心〉**
　周囲の環境に興味・関心を持ち，身体活動を伴った体験活動等を通して，環境に積極的に働き掛け，自ら関わろうとする態度の育成が必要となる。

・**公正に判断しようとする態度〈公正〉**
　個々の問題が複雑に絡まり合った課題等を，多面的，総合的な観点から捉え，データや根拠に基づき実証的に考え，合理性や客観性を伴った公正な判断をしようとする態度の育成が必要となる。

・**合意を形成しようとする態度〈合意〉**
　環境問題について自分の考えや意見を持ってそれを表現するとともに，相手の立場や考えを理解し，他者と協力して合意を形成し問題を解決しようとする態度の育成が必要となる。

・**情報を発信しようとする態度〈発信〉**
　環境に関して，収集された自分に必要な情報や，選び出された信頼できる情報を，相手の状況などを踏まえて情報として発信しようとする態度の育成が必要となる。

・**自ら進んで環境の保護・保全に参画しようとする態度〈参画〉**
　我々が直面しつつある問題に対して，議論や活動に主体的に参加し，自ら進んで環境の保全に向けた実践を行おうとする態度の育成が必要となる。

4 環境を捉える視点

　環境教育を考えるためには，自然や生命，エネルギー，資源などの要素を個別に理解するのではなく，それらを関連付けて一つの環境を捉える視点が大切です。環境を捉える視点として，例えば次のようなものが考えられます。

【環境を捉える視点（例）】

《資源の循環》
　我々が日常生活の中で使う資源は，消費によって枯渇し，大量のごみとなって環境悪化の大きな原因となっている。廃棄物の削減，製品の再利用，さらに資源の再生利用のための資源の循環の視点が大切である。

《自然や生命の尊重》
　地球上の生物は，数十億年に及ぶ進化の過程を経て多様な姿や生活様式を見せている。これらの生命の誕生，成長の仕組みを知り，自他の生命を尊重し，自然への畏敬の念を育む視点が大切である。

《生態系の保全》
　地球上の生物は，植物や動物から微生物に至るまで，それらを取り巻く非生物的環境との間の相互関係からなる自然の生態系を構築している。生態系は微妙なバランスの上に成り立っており，その保全に寄与して，自然と調和して生きようとする視点が大切である。

《異文化の理解》
　地球上には，多様な文化や生活，価値観を持つ人々が存在している。これらの多様な文化や生活，価値観は長い歴史の中で形づくられてきたものであり，それらを互いに尊重して互いの立場を認め合い，異なる文化を理解しようとする視点が大切である。

《共生社会の実現》
　人間一人一人には，身体的特徴などとともに，異なる人格が個性として存在している。そのような個性を生かした相互補完が，環境の保全や創造に望ましい影響を及ぼすことがあることを理解し，共に生きようとする社会の実現を目指す視点が大切である。

《資源の有限性》
　資源は，人間生活のために必要不可欠なものである。これらの資源は，基本的に有限であるため，大切に使うとともに環境負荷を減らし，省資源型社会の構築を目指す視点が大切である。

《エネルギーの利用》
　我々の生活は，石油などの化石燃料や太陽光，風力のような自然エネルギーなどの開発，利用によって成り立っている。これらのエネルギー利用は地球環境問題と密接に関係していることを理解し，エネルギーの適切な利用の仕方について考える視点が大切である。

《生活様式の見直し》
　我々の生活様式は，周囲の環境に大きく左右されるとともに，その環境に対して多かれ少なかれ負荷を与えている。環境の状態を調査・評価したり，管理したりすることによって，環境に配慮した生活様式を考え，環境とのバランスを取ろうとする視点が大切である。

5 環境教育で重視する能力・態度，視点とESDとの関係性

　ESDは，p.8で述べたように，持続可能な未来や社会の構築のために行動できる人材の育成を目的としています。環境教育を発展させて，持続可能な社会の構築につなげていく場合には，ESDの視点に立った環境教育としていくことも考えられます。環境教育を通して身に付けさせたい能力や態度，環境を捉える視点を，ESDの視点（平成24（2012）年　国立教育政策研究所「ESDの学習指導過程を構想し展開するために必要な枠組み」を参照）から捉えてみると，およそ次の表1，2のようになります。両者の関連性を各学校での取組のねらいと合わせて把握することで，持続可能な社会の構築を目指す環境教育の方向性が明確になると考えられます。

【表1】身につけさせたい能力や態度のつながり

身に付けさせたい能力や態度（例）	ESDの視点に立った学習指導で重視する能力・態度（例）
・環境を感受する能力〈感受〉	⑥ つながりを尊重する態度
・問題を捉え，その解決の構想を立てる能力〈構想〉	② 未来像を予測して計画を立てる力
・データや事実，調査結果を整理し，解釈する能力〈解釈〉	③ 多面的，総合的に考える力
・批判的に考え，改善する能力〈批判〉	① 批判的に考える力
・環境に興味・関心を持ち，自ら関わろうとする態度〈関心〉	⑥ つながりを尊重する態度
・公正に判断しようとする態度〈公正〉	③ 多面的，総合的に考える力
	① 批判的に考える力
・合意を形成しようとする態度〈合意〉	④ コミュニケーションを行う力
	⑤ 他者と協力する態度
・情報を発信しようとする態度〈発信〉	④ コミュニケーションを行う力
・自ら進んで環境の保護・保全に参画しようとする態度〈参画〉	⑦ 進んで参加する態度

【表2】対象を捉える視点のつながり

環境を捉える視点（例）	持続可能な社会づくりの構成概念（例） （持続可能な社会づくりに関わる課題を見いだすための視点）
・資源の循環	Ⅱ 相互性「物質やエネルギーの移動・循環」
・自然や生命の尊重	Ⅰ 多様性「多種多様な生物や環境要因」
	Ⅳ 公平性「生命の尊重」
・生態系の保全	Ⅱ 相互性「生物と環境との相互関係」
	Ⅵ 責任性「環境保全への寄与・役割」
・異文化の理解	Ⅰ 多様性「多様な文化・生活，価値観」
	Ⅳ 公平性「人権や文化の尊重」
・共生社会の実現	Ⅰ 多様性「多様な個性」
	Ⅴ 連携性「共生社会の構築」
・資源の有限性	Ⅲ 有限性「資源やエネルギーの有限性」
	Ⅴ 連携性，Ⅵ 責任性「循環型社会の構築」
・エネルギーの利用	Ⅰ 多様性「資源やエネルギーの多様性」
	Ⅱ 相互性「エネルギーと環境問題との関係」
	Ⅲ 有限性「エネルギーの有限性」
	Ⅵ 責任性「エネルギーの適切な利用」
・生活様式の見直し	Ⅵ 責任性「生活様式の変容」

（参照：平成24（2014）年　国立教育政策研究所「ESDの学習指導過程を後送し展開するために必要な枠組み」http://www.nier.go.jp/kaihatsu/pdf/esd_leaflet.pdf）

第2節　各教科等における指導と評価の工夫

1　環境教育を通して身に付けさせたい能力や態度の明確化

　各教科等の学習を通して，環境教育に関わる内容についての理解を深めることは大切なことです。しかし，環境教育のねらいは，単に環境について豊富な知識を身に付けさせることだけではなく，「環境に対する豊かな感受性や探究心」，「環境に関する思考力や判断力」，「環境に働き掛ける実践力」を育成することにあります。

　このようなねらいを達成するためには，各教科等内において，あるいは各教科等間で連携を図りながら，教育課程全体に関わる教育活動として指導していかなければなりません。その際，第2章第1節3で示した「環境教育を通して身に付けさせたい能力や態度」についても，環境教育を通して生徒にどのような能力や態度を育成するかというビジョンを教員が共有し，それを各教科等の学習でバランス良く育むという視点を持つことが重要です。

　ここでは，各教科等の学習において，「環境教育を通して身に付けさせたい能力や態度」を育成する五つの具体例を挙げます。

> 　「問題を捉え，その解決の構想を立てる能力〈構想〉」を育成するためには，例えば，理科において，日常生活と関わりの深い身近な自然や資源・エネルギーに関する事物・現象を調べ，科学技術の発展や人間生活との関わりの中で，エネルギー問題や環境問題等を捉える学習活動を行う。このような学習において，自ら問題を見いだし，観察，実験等を通して主体的に問題解決を行うことができるようにする。
>
> 　これによって，自らの生活との関係の中で問題を捉える能力や，問題を解決するための予想や仮説に基づく観察や実験，調査等の計画を立てる能力を育むことが期待される。

> 　「批判的に考え，改善する能力〈批判〉」を育成するためには，例えば，社会科において，自然環境と人々の生活や産業との関わりという視点で環境を捉える学習活動を行う。このような学習において，環境問題や資源・エネルギーに関する問題等から課題を見いだし，持続可能な社会を築いていくために解決すべき課題を探究することができるようにする。
>
> 　これによって，根拠を明確にしながら自分の考えを主張したり，他者の考えを多様な観点からその妥当性や信頼性について批判的に検討したりすることが期待される。

> 　「環境に興味・関心を持ち，自ら関わろうとする態度〈関心〉」を育成するためには，例えば，総合的な学習の時間において，身近な自然と関わる学習活動を行う。このような学習において，地域の河川や湖沼，森林や里地里山及び生き物等の対象に進んで関わることができるようにする。
>
> 　これによって，自然の保護や生物の多様性への興味・関心を高めていくとともに，対象に更に働き掛けることが期待される。

「合意を形成しようとする態度〈合意〉」を育成するためには，例えば，技術・家庭科の技術分野において，技術が環境問題の原因と解決に深く関わっていることに気付かせ，様々な立場から技術の進展と環境との関係の在り方について考えさせる学習活動を行う。このような学習において，技術の進展が多様なニーズを踏まえた上で自然環境に働き掛けていることを捉えることができるようにする。

　これによって，生活や産業の中で利用されている技術の役割と有用性，限界性への認識を深めるとともに，様々な立場や考えを理解し，多様な価値を認めた上で合意を形成しようとする態度を育むことが期待される。

　「自ら進んで環境の保護・保全に参画しようとする態度〈参画〉」を育成するためには，例えば，技術・家庭科の家庭分野において，消費生活が環境に与える諸問題についての認識を深める学習活動を行う。このような学習において，環境に配慮した自分自身の生活目標について検討し，実践する学習活動を行うことができるようにする。

　これによって，生徒自らが，取組可能な生活目標を決定し，その実現を目指す中で，主体的，実践的な態度を育むことが期待される。

　このように，各教科等において，どのような能力や態度を育むのかを明確にした上で学習活動を行うことにより，より良い環境づくりや環境保全に配慮した望ましい行動につながるものと考えられます。

2　体験活動を取り入れた指導方法及び指導内容の工夫

　「中学校における環境教育のねらい」に迫るためには，第1章第2節2でも述べたように，社会や生活環境の変化に伴う自然体験等の機会の減少等を補うべく，多様な体験活動の充実を図ることが大切です。それと同時に，生徒が，環境に関する事物，現象に意欲的に関わる中で，環境に対する豊かな感受性を育み，問題解決の過程を通して，環境や環境問題に関する思考力や判断力を育むことが大切です。

　したがって，各教科等で取り組む環境教育の内容には，観察，実験，調査，見学，実習，討論等の体験的な活動を積極的に取り入れることが大切です。そして，生徒が体験や経験の中から環境に関わる問題を見いだすことができるような学習活動，問題解決の過程の中で身に付けた知識や技能，データや根拠に基づき適切な判断を行うことができるような学習活動，また，日常生活を環境に配慮したものに変えたり，家庭や地域社会の中で実際に行動したりするような学習活動等が教育課程上に明確に位置付けられることが必要となります。

　このような学習活動を展開することにより，生徒が，自ら見いだした環境に関わる課題に主体的に向き合い，持続可能な社会の構築に向けて積極的に参加し，実践しようとする力を育んでいくことができるものと期待されます。

　そのため，各学校においては，教育課程に生徒の体験活動を積極的に位置付け，指導方法及び指導内容の工夫・改善に努めていくことが求められます。例えば，既に多くの学校で，自然教室等の野外での教育活動が行われていますが，それを実施する際に，学校の教育活動全体の中においてどのような意味を持っているかを明確にした上で，教育課程に位置付けることが重要です。

ここでは，各教科等の学習において，環境教育に取り組む場合に体験活動を取り入れた三つの具体例を挙げます。

> 理科の「自然と人間」を扱う学習で，動植物の生態についての調査，大気中の二酸化窒素濃度の調査，河川や湖沼の水質の調査等，身近な自然環境を調査する活動を行う。
> これによって，生徒は，調査結果や資料等を分析，検討し，人間の生活が自然環境に与える影響について理解を深めるとともに，自分の行動や生活に照らして考えることができるようになる。
> このような学習活動を通して，生徒は，身近な自然環境を保全するための方法を主体的に考え，実行しようとする意識を高めていくようになることが期待される。

> 保健体育の「健康と環境」を扱う学習で，生活の中で生じる生活排水やごみ等の廃棄物が健康に及ぼす影響について考え，家庭や地域で出たごみの量や種類を調べる活動を行う。
> これによって，生徒は，廃棄物が健康に及ぼす影響を身近な問題として捉え，どのように行動すべきかを自分のこととして考察することができるようになる。
> このような学習活動を通して，製品の再利用やごみの分別，減量等，個人の取組が自然環境の汚染を防ぎ，廃棄物の衛生的管理や健康の保持増進につながることに身を持って気付き，実行しようとする意識を高めていくことが期待される。

> 外国語の「外国の生活や文化」を扱う学習で，言語や文化，環境に関心を持ち，様々な国の生活・文化・環境と，我が国の生活・文化・環境との共通点や相違点を教材から読み取る学習活動を行い，他国の生徒がなぜそのような生活をしているかを生徒同士で討論する活動を行う。
> これによって，校外学習や修学旅行の訪問地で外国人に意欲的にインタビュー活動を行ったり，身近な自然環境の価値や豊かさを再認識して自発的に清掃活動を行ったりすることができるようになる。
> このような学習を通して，生徒は，地域の自然環境や「環境を捉える視点」と関連させて考え，異文化に対して共感的に理解したり，尊重したりするようになることが期待される。

上記の例で示したように，環境教育を推進するに当たっては，生徒が，体験活動を通して実感し気付いたことや，観察，実験，調査，見学，実習から得られた結果を分析し，討論を通して検討したことをまとめる活動が効果的であると考えられます。そして，その効果を高めるために，例えば，得られた結論を文化祭や全校集会等で発表したり，地域や社会に働き掛けたりする活動を取り入れることも考えられます。

3 各教科等における環境教育の内容の関連付け

環境教育に関わる内容は多岐に渡っているため，内容の関連を図りながら指導することによって，育成すべき「環境を捉える視点」（p.25参照）が明確になります。生徒は，学習によって得られた「環境を捉える視点」を活用して身近な環境を捉え，自分なりの考えを持つことができるようになります。

ここでは，各教科等の学習において，環境教育に取り組む場合に，他教科等の学習と関連付けた三つの具体例を挙げます。

> 社会科地理的分野の「日本の様々な地域」において，環境教育の視点を取り入れる場合，「環境問題や環境保全を中核とした考察」の項目以外に，自然環境や産業等を中核とした考察を取り上げる際にも，地域の環境問題や環境保全の取組と関連付けて指導していくことが考えられる。
>
> その際，保健体育科「健康と環境」において指導する「環境と私たちの健康との関わりや人間の生活によって生じた廃棄物の問題等に関する内容」と関連付けることで，人々の生活と自然環境や資源の再生利用との関連を捉えることができるよう工夫することが考えられる。
>
> また，技術・家庭科の技術分野「生活や産業の中で利用されている技術」において指導する「技術が生活の向上や産業の発展に果たしている役割等に関する内容」と関連付けることで，技術の進展とエネルギーとの関係性についての理解を深めることができるよう工夫することが考えられる。
>
> このことにより，《資源の循環》や《エネルギーの利用》という視点で環境を捉えることができるようになるばかりでなく，自然環境下に遍在する資源やエネルギーの存在の重要性を意識して行動する生徒を育てることが期待される。
>
> また，この指導に当たっては，小学校の学習との関連を図り，第3学年及び第4学年の社会科における「地域の人々を守る諸活動」の学習を想起させたり，その後の中学校理科の「科学技術と人間」の学習において発展させたりすることも考えられる。

> 技術・家庭科の家庭分野の「衣生活・住生活と自立」や「身近な消費生活と環境」において，環境教育の視点を取り入れる場合，生活環境を安全かつ豊かにするための人々の工夫や環境に配慮した消費生活の工夫・実践等を取り上げることが考えられる。
>
> その際，社会科公民的分野の「私たちと国際社会の諸課題」や，理科第1分野の「自然環境の保全と科学技術の利用」の内容と関連付けることにより，より良い社会を築いていくために解決すべき課題について，日常生活と関連付けて探究していこうとする態度を育成するよう工夫することが考えられる。
>
> このことにより，《エネルギーの利用》や《生活様式の見直し》という視点で環境を捉え，環境に配慮した生活様式を考えることができるようになるばかりでなく，環境に働き掛ける実践力を育成することが期待される。
>
> また，この指導に当たっては，小学校第3学年及び第4学年社会科の「ごみの処理と利用」や，第5学年社会科の「私たちの生活と環境」を踏まえて，学習内容を関連付けることで，生徒が自らの考えの深まりを捉えたり，多面的，総合的に課題を捉え直したりできるようにすることも考えられる。

> 　総合的な学習の時間において，環境教育の視点を取り入れる場合，防災を取り上げて，理科第2分野の「大地の成り立ちと変化」，「気象とその変化」，「自然と人間」や，技術・家庭科家庭分野の「衣生活・住生活と自立」等との関連を図りながら指導していくことが考えられる。
> 　このことにより，《生活様式の見直し》や《共生社会の実現》といった視点で環境を防災の視点から捉え，環境への関わり方について積極的に考え，実践していこうとする社会参画意識を涵養(かん)することが期待される。
> 　また，この指導に当たっては，生徒が自らの生活を見直す中で課題を見いだし，問題解決的な学習を進めることができるようにするため，課題を解決するための計画をグループで発表し合ったり，実践発表会を設けたりするなどの活動を工夫していくことが考えられる。

4 評価の観点と評価方法

　学校における環境教育は，各学校の教育課程に位置付けられ，意図的，組織的，計画的に行われるものですので，生徒の学習活動の評価や，それを踏まえた指導の改善等を伴うものです。以下に，環境教育における評価の留意点を挙げます。

(1) 環境教育における評価の観点等

　環境教育における評価は，基本的には，その活動が位置付けられた各教科等の目標やねらいを踏まえて行われなければなりません。したがって，多くの場合，環境教育における評価は，その活動が位置付けられている各教科等の評価規準に照らし合わせて行われることになります。
　その際，各教科等における評価の観点と「環境教育のねらい」(p.22参照)や「環境教育を通して身に付けさせたい能力や態度」(p.24参照)との関係を十分考慮した上で，評価規準を設定する必要があります。
　なお，環境教育における学習過程は，課題解決の過程が重視されるため，「環境教育のねらい」で示された「環境に対する豊かな感受性や探究心」，「環境に関する思考力や判断力」，「環境に働き掛ける実践力」のそれぞれの育成に関わり生徒の到達目標を設定し，それらの実現状況や学習状況を適切に捉えた上で総合的に評価していくことが望ましいです。

(2) 評価の方法及び時期

　学校における環境教育は，上述のとおり，学校全体の教育活動を通して，各教科等の指導計画に位置付けて実施されます。よって，環境教育における評価は，生徒の学習状況を単一の時期や方法で判断するのではなく，各教科，道徳，総合的な学習の時間及び特別活動のそれぞれの特質や学習のねらいに応じて評価方法を工夫することが大切です。
　また，学校では，指導計画を編成，実施，評価し，改善を図るという一連のサイクル（PDCAサイクル）が繰り返されながら，生徒のより良い成長を目指した指導が展開されています。したがって，評価の時期については，学期末や学年末だけでなく，学習のねらいに応じて，単元ごとや活動ごとに実施するなど，学習の過程を踏まえた適切な評価を行うことによって，生徒の学習状況や育成された能力等を総合的に評価することが大切です。
　そのためには，ノートやワークシート，レポート等に記述された生徒個々の考えや感想等の学

習の記録，それらを基にして行った評価の記録等を累積，整理しておくことが重要になります。

　なお，各学校での環境教育が，生徒のより充実した主体的な学習となるようにするためには，評価のための評価に終わらせることなく，評価の結果によって一人一人の生徒の学習改善に生かしていくことが重要です。またそれと同時に，教員の指導にもその評価結果をフィードバックさせることで，評価後の指導を改善していくことが求められます。

第3節　教育課程の編成と改善の視点を生かした指導と評価の工夫

　各中学校においては，それぞれの学校教育目標の実現に向けて，教育課程を教科横断的に学校総体として編成・実施・評価し，改善を図る一連のサイクル（PDCAサイクル）を意図的，組織的，計画的に推進していく考え方が重要であり，その効果的，効率的な運用が求められます。

　各校が，創意工夫を生かした特色ある環境教育を進めていくためには，地域や学校の実態等に即し，それらの特色を生かした適切な教育課程を編成，実施，評価し，改善を図ることが重要となります。

　このため，各校の管理職等は，その役割に応じたリーダーシップを発揮し，PDCAサイクルの視点を生かした指導計画の作成，教育課程の評価，評価に基づく改善策の検討等を円滑に推進していかなければなりません。その際，管理職等に限らず全教職員が，教育課程の編成，実施，評価を通して授業改善・学校改善につなげる視点を明確に持ち，共有することも必要です。

1　学校全体で環境教育に取り組むための教育課程の編成

　環境教育は，言うまでもなく，各教科，道徳，総合的な学習の時間及び特別活動の相互の連携や協力を図り，学校全体の教育活動として取り組んでいくことが重要です。

　そのためには，PDCAサイクルの視点を生かし，実効性のある教育課程を編成することが必要となります。各校において学校教育目標を実現するために，教育課程の「全体計画」や「年間指導計画」，更に学習評価の視点も盛り込んだ「単元ごとの指導計画」を作成し，不断の見直しを行うことが必要です。

(1)「全体計画」作成の留意点

　「全体計画」の作成に当たっては，まず，各校の学校教育目標や目指す生徒像及び第2章第1節で示した「中学校における環境教育のねらい」（p.22参照）を踏まえ，管理職等のリーダーシップの下，生徒や地域の現状を把握した上で，具体的にどのような課題があるのかを整理することが大切です。

　次に，全ての教職員の共通認識の下で，解決すべき課題と「環境教育を通して身に付けさせたい能力や態度」及び「環境を捉える視点」（p.24・25参照）から考えられる環境教育の目標や内容を明らかにし，環境教育の「全体計画」を作成します。

　「全体計画」の作成に当たっては，後掲する「全体計画」（例）（p.35参照）を参考にするとともに，次の点に留意することが大切です。

- □「学校教育目標」や「重点目標」及び「目指す生徒像」等を踏まえ，「環境教育の目標」と「環境教育の指導の重点」を設定する。
- □ 環境教育を推進する上で，生徒や地域の現状と課題を具体的，分析的に整理し，「生徒の実態」や「保護者・地域の願い」などを示す。ここでは，環境教育を指導する際，地域や校区の自然環境の特色等を示すことで，それを積極的に活用できるようにしていくことも考えられる。
- □「環境教育の指導の重点」と，「環境教育を通して身に付けさせたい能力や態度」及び「環境を捉える視点」との関連を明らかにする。

□ 生徒の発達や学年の段階に応じた環境教育の目標を設定するために,その前提として学年ごとの「重点目標」を明らかにする。ここでは,課題解決的な学習活動や探究活動のまとまりとしての「単元」を配列して示すことも考えられる。
□ 各教科等の単元及び学習内容の中で,環境教育に関わる内容を示し,各教科等と環境教育との関連を明らかにする。これにより,後述する「年間指導計画」の中で,各教科等の横断的な教育課程が設定できるようにする。
□ 家庭や地域,行政との積極的な連携を目指し,各校の環境教育との関連を具体的に示し,公開する。

　これらの留意点以外にも,「全体計画」には,環境教育の編成,実施,評価,改善を適切に推進するための「指導体制」のほか,各学校がそれぞれに必要と考える事項を加えることが考えられます。

　なお,各校においては,「全体計画」を作成する際,「学校教育目標」や「重点目標」,「目指す生徒像」を適切に反映するために,環境教育をどのような形で教育課程に具体化しようとしているのかを明確に示すことが重要です。そして,それを基にして,環境教育を通して生徒にどのような能力や態度を育成するかというビジョンを教員が共有し,共通理解を図ることが大切です。

　このことにより,環境教育が学校全体の教育活動として設定され,教員の共通理解の下に指導が展開されていくものと期待されます。

環境教育の全体計画（例）

教育基本法 文部科学省 「学習指導要領」	学校教育目標 「自律・創造」 〜心豊かで，たくましく未来を拓く生徒の育成〜	県教育委員会「学校教育の指針」 市教育委員会「学校経営の指針」

生徒の実態
- 明るく活発で，知的好奇心が旺盛な生徒が多い。
- 生徒全体に集団生活における規範意識はあるが，より良い集団づくりに励む意欲はやや乏しい。
- 都市化傾向が進む中で，純朴さ，優しさ，連帯意識が薄れ，個人中心的な思考が多くなりつつある。

重点目標
1. 「意欲的であれ！」（自己教育力のある生徒）
   *夢と志を持ち，その実現に向けて努力を続ける生徒の育成
2. 「やさしくあれ！」（連帯感のある生徒）
   *思いやりがあり互いに理解し認め合える生徒の育成
3. 「たくましくあれ！」（強い精神力のある生徒）
   *困難を乗り越える忍耐力と強い心身の育成

目指す生徒像
人権意識を高め，自ら挨拶ができ，思いやりのある生徒

保護者・地域の願い
- 都市化傾向が顕著な中で，地域との連帯意識を大切にする生徒
- 豊かな心を大切にして行動し，豊かな人間関係を結ぶ生徒
- 自ら学ぼうとする意欲を持ち，自ら発見した問題を探究し続ける生徒
- 自ら挨拶ができ，思いやりのある生徒

基礎・基本の習得と主体的に学ぶ授業づくり	豊かな心とたくましく生きる力の育成	個を生かし，高め合う集団づくり	自らの生き方を考え，主体的に進路を切り拓く力の育成

環境教育の推進基盤
- 教育基本法
- 学習指導要領
- 環境教育等による環境保全の取組の促進に関する法律
- 環境保全活動，環境保全の意欲の増進及び環境教育並びに協働取組の推進に関する基本的な方針
- 琵琶湖保全再生法

環境教育の目標
① 地域の自然環境，社会的・文化的環境などに対応する感受性を養い，環境への興味・関心を高める。
② 教科指導などを通して，環境に対する正しい判断力を養い，環境保全や環境問題に対して主体的に関わっていく意欲や行動力を育てる。
③ 住み良い環境づくりに努め，自然とともに生きる力を養うとともに物や自然の大切さを理解させ，環境保全のための資質や能力を育てる。

本県の環境教育
- 県環境基本条例
- 県環境総合計画 低炭素社会の創生と琵琶湖環境の再生
- 県教育振興計画
- 県学校教育の指針
- 県環境教育副読本「おおい琵琶湖」
- 県環境学習推進計画
- 県立琵琶湖博物館との連携

環境教育の指導の重点

- 全校的な指導体制の確立と，教育活動全体に位置付けた取組
- 環境美化の日の取組や地域清掃等の実施による体験学習の充実
- 「地域」「琵琶湖」「地球」をテーマにした教科指導による環境問題の探究
- 学校教育に適した環境の整備
- 地域の自然や環境問題の教材化とその他の有効な資料の活用推進

環境教育を通して身に付けさせたい能力や態度
- 環境を感受する能力
- 環境に興味関心を持ち，自ら関わろうとする態度
- 問題を捉え，その解決の構想を立てる能力
- データや事実，調査結果を整理し，解釈する能力
- 情報を活用しようとする態度
- 批判的に考え改善する能力
- 合意を形成しようとする態度
- 公正に判断しようとする態度
- 自ら進んで環境の保護・保全に参画しようとする態度

環境を捉える視点
- 資源の循環
- 自然や生命の尊重
- 生態系の保全
- 異文化の理解
- 共生社会の実現
- 資源の有限性
- エネルギーの利用
- 生活様式の見直し

第1学年重点目標
- 自然教室での体験を通して，身近な自然環境について関心を持ち，自然と人々との関わりについて考える。
- 委員会活動やボランティア活動への参加を通して地域の自然環境や環境問題に関心を持つ。

第2学年重点目標
- 身近な環境問題を捉え，その原因を科学的に調べ，環境保全に取り組もうとする意欲を身に付ける。
- 地域清掃や環境美化の日の取組に積極的に参加し，地域の環境美化に働き掛ける態度を養う。

第3学年重点目標
- 人間と環境との関わりや相互作用について理解を深め，人と自然との関わりの中で環境問題を解決していくために何ができるのかを考え，実践できる個や集団の力を育成する。

里地里山を活かした自然体験の推進 漁業組合によるセタシジミ漁体験 ごみ減量とリサイクル活動の推進	行政との連携	地域との連携	親子環境整備活動（PTA連携） 地区別奉仕活動（家庭・地域との連携） 瀬田川・琵琶湖の保全活動

国語
- 環境に関する文章から読み取った内容の理解
- 自分の考えを話したり，書いたりすることを通して，身近な環境への関心を高める
- 環境問題をテーマにしたジャンル教材を用いて，コミュニケーション能力を高める
- 実証的に考え，公正に判断する態度の育成

社会
（地理分野）
- 世界の人々の生活や環境の多様性
- 環境やエネルギーに関する課題
- 自然環境と地域の人々の生活や産業との関係
- 持続可能な社会の構築のための環境保全の取組
（公民分野）
- 公害の防止
- 地球環境，資源・エネルギーなどの経済的，技術的協力
- 持続可能な社会をつくる観点から解決すべき課題の探究

理科
（第1分野）
- エネルギー変換の利用
- エネルギーの有効利用
- 放射線の性質と利用
（第2分野）
- 自然環境の自然界のつり合い
- 自然環境保全の重要性
- 地球温暖化，外来種に関わる問題
- 自然環境の保全と科学技術の利用の在り方

保健体育
（保健分野）
- 環境の保全に十分配慮した廃棄物の処理の必要性
- 地域の実態に即して公害と健康の関係

道徳
（第1学年）
- 人間が自然の中で生かされていることに気付き，自然を尊び，愛護に努める道徳的態度を育成
（第2学年）
- 自然や生命の営みに感動する心を持ち，自然に対する感動や興味や感心及び生命の尊さを深く自覚し，自然を愛し護り，生命を尊重する道徳的心情
（第3学年）
- 自然の摂理に生命の尊さを感じ，生きとし生けるすべてのものへの感謝と尊敬の念を持つ道徳的心情を育成

音楽
- 自然や美しさや四季の美しさを音楽鑑賞を通して感じ取り表現力を育成
- 音楽の多様性を文化や歴史と関連付けて鑑賞する活動

美術
- 自然の美しさを鑑賞し，自然に対する感受性や美意識を高める
- 美術作品の創造活動や鑑賞を通して人間と自然との調和を追求

総合的な学習の時間
- 身近な地域の自然体験活動
- 調査活動，観察
- 発表や討論などの学習活動
- 環境美化の日の取組（奉仕活動）

技術・家庭
（技術分野）
- 技術の進歩と資源やエネルギーの有効利用・自然環境の保全
- 生物育成に関する技術を利用した栽培
（家庭分野）
- 自分や家族の消費生活が環境に与える影響

外国語
- 環境問題に関わる内容を理解し，自分の考えを英語で表現する力とコミュニケーション能力の育成

数学
- 事象の分析と論理的考察

特別活動
- 瀬田エリア学習
- セタシジミの漁獲体験を通した瀬田川・琵琶湖の生き物調べ
- 清掃活動とお祭活動（琵琶湖一斉清掃）

（※　この全体計画は，後掲実践事例1（p.46〜）の学校で作成されたものである。〈一部改変〉）

(2)「年間指導計画」作成の留意点

　前述の「全体計画」に基づき，生徒の発達や学年の段階，実態を踏まえた環境教育を推進するためには，各校で「年間指導計画」を適切に作成し，指導を展開する必要があります。

　「年間指導計画」の作成に当たっては，第1章第2節2で述べたように，生徒が身近な自然や社会，人々と意欲的に関わる多様な活動を取り入れるなど，体験活動を重視した指導を展開することが重要です。このような指導により，課題解決の見通しを明確に意識させ，学習を進めることが可能になります。同時に，多様な学習形態により，生徒が主体的に調べたり話し合ったりする学習を行い，生徒一人一人が課題解決を行うことができるよう指導内容や方法等について十分検討することが大切です。

　このため，環境教育の「年間指導計画」は，生徒の発達や学年の段階に応じて意図的，組織的かつ計画的に行われることを目指し，3年間を見通して学年ごとに作成します。

　各校においては，地域の自然環境の特色や生徒の実態等を踏まえた上で，学年ごとに学習内容に特色を付けたり，重点化を図ったりしながら，年間を通して，体験的な活動や課題解決的な活動の場面を効果的に設定し，実現可能な計画を立案することが必要です。

　以上のことを踏まえ，「年間指導計画」の作成に当たっては，後掲する「年間指導計画」（例）（p.39参照）を参考にするとともに，次の点に留意することが大切です。

> □ 各教科等の目標やねらいを踏まえ，学年ごとに各教科等と環境教育との関連を明らかにし，各教科等の横断的な教育課程を設定する。
> □ 「環境教育を通して身に付けさせたい能力や態度」及び「環境を捉える視点」を具体的に記載する。
> □ 生徒の発達や学年の段階に応じた体験的な活動や課題解決的な学習を効果的に設定する。
> □ 地域の環境の特色を生かしたり，環境に関わる学習対象の重点化を図ったりする。
> □ 家庭や地域社会と積極的に連携し，学校で学んだことを家庭や地域での生活に生かす場面を設定する。

　例示した「年間指導計画」は，自ら課題を見いだし，課題解決的な学習を通して課題を探究する中で，協力して課題の解決を目指す生徒を育成することをねらいとして計画されたものです。例示した「年間指導計画」のポイントを次に挙げます。

> ① 生徒の発達や学年の段階を考慮した体験活動を中心に，課題解決的な教育課程が計画されている。
> 　具体的には，「花の栽培活動」や「地域の自然環境を対象にした調査活動」などといった体験活動を中心に，「地域の自然環境，とりわけ生き物同士のつながりと生き物が暮らす自然をどのようにして守っていけるか」という課題に迫る学習活動を展開している。

② 「指導のねらい」に迫るため,「人と自然環境とのつながり」を重点に,単元構成や単元の内容が整理されている。

　この計画では,年間を通して「人と自然環境とのつながり」というテーマで課題に迫ろうとしており,自然と調和して生きていくために,自分たちができる環境保全活動を考え,地域の自然環境を大切にしていこうとする実践的意欲と態度を育成することが期待できる。同時に,「人や社会生活とのつながり」にも焦点を当てており,周囲の大人が真剣に環境保全活動に取り組む姿を,生徒が目の当たりにする場面を意図的に設定する工夫をしている。

　これらのことから,環境保全に向けて,自分たちができることを考え,社会の一員として,主体的に行動しようとする態度を養うことができるものと期待できる。

ほかにも,「指導のねらい」に迫るためには,生徒の発達や学年の段階に応じて,人と動植物の生命,エネルギー,気候・気象等,それぞれのつながりで単元構成や単元の内容を見直し,整理していくことが考えられます。なお,各校においては,3年間を通して,生徒一人一人が,人と自然環境との関わりや,社会生活,エネルギーとの関わりなどについて多面的,総合的に考察できるよう考慮していくことが必要です。そのために,各学年あるいは発達の段階に応じて,環境教育のねらいを十分検討し,焦点化していくことも必要です。

③　生徒の学びの深まりと広がりを考慮した単元構成になっている。

　例示した「年間指導計画」の「カリキュラム表」に示されたように,まず,体験活動を中心とする生き物と自然環境との関わりについて学習する単元が計画され,続いて,地域や行政,企業,大学の環境保全に対する取組を調査する単元が計画されている。そして,自分たちが気付いた環境問題や生き物や自然環境を守るために,自分たちができることを話し合い,発表会を通して互いの考えを深めることができるように単元の構成が工夫されている。さらに,「私たちのアクション」プランの作成や,学習成果を地域で発表する活動等を行う単元が設定されており,このような学習を基に,自分たちの考えをまとめ,地域に発信し,実践する学習につなげていく展開となっている。

このように,「年間指導計画」には,生徒が自然と調和して生きていくために,自分たちができる環境保全活動を考え,地域の自然環境を大切にしていこうとする実践的意欲と態度を育成する手立てを明らかにしていくことが重要です。

④　各教科等との指導内容の相互の関連付けが明確に示されている。

　各教科等で環境教育を指導する場合,生徒にどのような「環境教育を通して身に付けさせたい能力や態度」を育成するのかというねらいが重要になる。この「年間指導計画」では,環境教育と各教科等の学習内容を相互に関連付けることで,年間を通して問題解決的な活動を位置付けることを可能としている。

> ⑤ 「環境教育を通して身に付けさせたい能力や態度」及び「環境を捉える視点」が明確に示されている。
>
> 　3年間を通して,「環境教育を通して身に付けさせたい能力や態度」及び「環境を捉える視点」がバランス良く育成できているかが明らかになるだけでなく,環境教育の指導内容の改善につながるといった効果が期待できる。

　以上のように,「年間指導計画」を検討する際は,生徒にどのような「環境教育を通して身に付けさせたい能力や態度」を育成するのかという道筋や,どの単元を通して「環境を捉える視点」を育成するのかを具体的に示し,教員が共通理解して実践しやすいものにしていくことが大切です。

　なお,「年間指導計画」を検討する際は,「何を教えるか」という知識の質・量の改善に加え,「どのように学ぶか」という学びの深まりを重視することも大切にしましょう。

■第1学年 年間指導計画(例)

《学習テーマ》
地域の自然をいつまでも残そう
～わたしたちのアクション！～

《目指す生徒像》地域の花の栽培活動や地域の自然環境を対象にした調査活動を通して、自分たちの生活と自然環境との関わり、生き物同士のつながりについて理解する。同時に、地域の自然環境を守るために地域や企業、大学が取り組んでいる環境保護の活動について調べることで、自然環境を捉え、自発的に行動しようとする態度を養う。

■指導のねらい

自ら問題を見いだし、問題解決的な学習を通して課題を探究する中で、人と協力して課題の解決を目指す生徒を育成することをねらう。そのために、「地域の自然をどのように守っていけるか」という課題に迫る学習活動を展開する。このことにより、「人と自然環境とのつながり」という観点から、自然と調和して生きていくために、自分たちができる環境保全活動を大切にしていこうとする実践的意欲と態度を育成する。そして、これらの学習を基に、自分たちの考えをまとめ、地域に発信し、行動する学習につなげていく。

■環境を捉える視点

	資源循環の環境	自然の命の尊重	生態系全体の保全	異文化理解の共生	共生社会の実現	有限資源性の	木エネルギーの利用	生活様式の見直し
		○	◎					○

■カリキュラム表（《 》は、「環境教育を通して身に付けさせたい能力や態度」を示す。）

人と自然環境とのつながり / 人と社会環境とのつながり / 教科との関連

4月
- 総合的な学習の時間《関心》《探究》
  ◆単元：地域の自然環境について考えよう
  ◆内容：地域のくらしとかかわりの深い自然環境について考える

5月
- 理科《関心》《探究》
  ◆単元：植物のつくりとなかまわけ
  ◆内容：地域の生物調査・生物マップの制作、人間と植物の関わり
- 地域のボランティアによる出前講座、自然観察指導
- 理科《関心》《観察》
  ◆単元：身近な生物の観察
  ◆内容：顕微鏡やルーペを使った生物の観察
- 社会《関心》《観察》
  ◆単元：世界の人々の生活と環境
  ◆内容：自然環境と人々のくらしとの関係を捉える

6月

7月
- 総合的な学習の時間《批判》《発信》
  ◆単元：地域の地理
  ◆内容：鳥瞰図や航空写真、土地利用図等を用いて自然の特色を捉える
- 社会《関心》
  ◆単元：地域の地理
  ◆内容：鳥瞰図や航空写真、土地利用図等を用いて自然の特色を捉える
- 道徳《関心》
  ◆内容：D 感動、畏敬の念
- 家庭《関心》《探究》
  ◆題材：環境に配慮した生活
  ◆内容：選択する態度と省エネルギー・リサイクル

8・9月
- 総合的な学習の時間《関心》《合意》
  ◆単元：生物・大学が活動している環境に対してどのような取り組みを行っているのか
  ◆内容：ごみ問題、人間活動と生き物の保全活動の取組を知る

10月
- 総合的な学習の時間《関心》《解釈》
  ◆単元：大学が行う環境問題に関する講義を受ける
  ◆内容：微生物と自然環境維持
- 外国語《関心》《合意》
  ◆題材：リサイクル活動
  ◆内容：リサイクルに関わる英単語及び、環境に対する世界の人々の考え方を知る
- 理科《関心》《解釈》
  ◆単元：生物・大学が活動している環境
  ◆内容：二酸化炭素を取り入れる植物のはたらき、環境とのつながり

11月
- 総合的な学習の時間《探究》《合意》
  ◆単元：発表会を開こう
  ◆内容：グループで学習したことを学級・学年で発表しよう
- 国語《関心》《探究》
  ◆単元：江戸からのメッセージ
  ◆内容：テーマに基づく活動をまとめ、グループで発表する
- 道徳《関心》
  ◆内容：C 郷土を愛する態度

12月
- 総合的な学習の時間《関心》《合意》
  ◆単元：自然を活かした生活
  ◆内容：人々の自然を知恵を知る
- 家庭《関心》《合意》《公正》
  ◆題材：快適な住まい
  ◆内容：室内空気汚染、生活騒音

1月
- 総合的な学習の時間《発信》《合意》
  ◆単元：自然環境を守るために私たちができることを考えよう
  ◆内容：豊かな自然と調和しながら生活していくために「私たちにできるアクションプラン」をまとめる
- 技術《関心》《構築》
  ◆題材：生物育成に関する技術
  ◆内容：環境との関わりと持続可能な社会の構築に向けた技術の進展を知る

2月
- 総合的な学習の時間《発信》《合意》
  ◆単元：学習成果を地域で発表しよう
  ◆内容：相手や場に応じた表現方法を工夫し学習成果を発信し、地域発信をする
- 美術《関心》《構想》
  ◆題材：ポスター制作
  ◆内容：「私たちのアクション」をポスターやチラシで表現しよう

3月

2 「連携」を重視した教育課程の編成

　環境教育の教育課程の編成に当たっては，生徒が環境に働き掛け，考え，行動していく一連の過程を重視し，体験的な活動を中心とした探究的な学習活動を効果的に位置付けていくことが重要です。そのため，「全体計画」や「年間指導計画」等の作成に当たっては，各教科，道徳，総合的な学習の時間及び特別活動の相互の関連や，各学年相互の関連を図り，系統的な指導ができるようにしていくことが大切です。

　一方で，中学校では，教科担任による授業が基本であるため，各教科等の横の連携を図った指導を意図なく行うことは難しく，環境教育が学校全体の取組になっていない現状も見受けられます。また，生徒がどのような学習経験を積み，どのような力を育んできたのかという3年間を見通した縦の連携不足から，体験活動や学習内容，身に付けた能力や態度が，上学年で必ずしも積み上げられていない現状も見受けられます。このような，環境教育を一部の教科，一部の教員，一部の学年だけに委ねる誤った推進体制は，環境教育を中心になって推進する教員の異動等に伴い，学校が培ってきた環境教育の途絶にも結び付くものです。

　そこで，学校全体の教育活動として環境教育を推進するためには，教育課程の編成，実施，評価，改善の各段階において，教員同士が各教科等の専門性を生かして交流や相互啓発をしたり，各学年相互に実践を交流したりできるように，学校内で連携できる場を設定するなどの工夫が必要です。これにより，環境教育が，学校全体の教育活動として組織的かつ機能的な取組となり，生徒に対する系統的な指導につながっていくものと見込まれ，その前提として，管理職等は，教員の適切な役割分担や協働的な実践に向けた環境整備を行っていくことが重要です。

　また，「環境教育のねらい」を達成するためには，学校内での学習活動にとどまらず，地域や高等教育機関，企業等と連携し，外部の関係者，専門家に講師として協力を依頼したり，地域の自然をフィールドにして探究的な学習活動を設定したりするなど，創意工夫して学校内外で多様な活動ができるようにしていくことも大切です。

　ほかにも，例えば，校区の重なる小・中学生，中・高校生が季節ごとに生物の生態の調査活動を合同で行ったり，学習成果を発表し合う環境会議を合同で開催したりするなど，小・中連携，中・高連携による環境教育の充実を図ることが考えられます。これにより，校種間における指導内容の連続性や発展性についての効果が期待できるだけでなく，家庭や地域への活動の広がりも期待することができるなど，これらの工夫が，環境教育の充実を図り，学習の効果を高めていくことにつながるものと見込まれます。

3　教育課程の編成と改善の視点を生かした教育課程の評価と改善

　「環境教育のねらい」を達成し，「環境教育を通して身に付けさせたい能力や態度」及び「環境を捉える視点」を身に付けた生徒像を実現するためには，各教科等の充実や教科横断的，学年縦断的な関連を図った教育課程編成による成果を吟味し，教育課程の編成と実施の視点を生かした教育課程の評価と改善の充実が不可欠です。

　まず，編成した教育課程についての評価を行う場合，学期ごとや年度末に，「環境教育を通して身に付けさせたい能力や態度」及び「環境を捉える視点」の実現状況に基づいて評価していくことが重要です。

　そのためには，実施した教育課程によって，生徒はどのような学習経験を積み，どのような力を育んできたのかを多様な観点から把握することが必要です。その把握には様々な方法が考えら

れますが，教員自身あるいは生徒による授業アンケートなど授業評価や単元評価の結果を蓄積することにより指導の在り方を振り返り，授業の改善に活用することが考えられます。その際，教員同士が評価を基に指導の成果や課題を話し合うことが大切です。これによって，例えば，教科や学年の指導内容の関連性を見直したり，新たな関連性を見いだしたりするなど，指導計画の改善を共有することにつながる効果が期待できます。また，保護者や地域等を対象にしたアンケート等の実施により，地域の自然環境や環境保全に対する取組，生徒の実態，保護者や地域の願いなどを分析し，課題を整理するとともに，指導計画に生かしていくことも成果につながるものとして期待できます。

次に，評価の結果から，教育課程の改善について検討することが重要です。教育課程の内容が「環境教育のねらい」を実現するための効果的な手立てとなっているかどうかを分析し，学習内容や指導方法及び評価方法の改善に結び付けていかなければなりません。

教育課程の改善に当たっては，マイナスの評価を中心として改善を図ることが多いですが，実施された教育課程のプラスの部分を更により良いものにしていくという視点で検討していくことも大切です。

第3章　中学校における実践事例

〔掲載事例の特徴〕

第3章では，教科（社会，理科，技術・家庭），道徳，総合的な学習の時間及び特別活動における環境教育に関する実践事例を取り上げ，環境教育の視点や教科等との関連，事例活用に当たっての留意事項等を明示した。

	事例のタイトル（教科等）と主な内容	キーワード	身に付けさせたい能力・態度	環境を捉える視点	教育課程の編成と改善の視点					
					教科内での関連	他教科との関連	校種間の連携	外部との連携	全体計画
1	身近な地域における持続可能な環境を考える（社会，地理的分野） 地域の環境資源（セタシジミ）を基に，地域環境の未来を考える。	・地域教材 ・未来の環境の提案	〈構想〉	《生態系の保全》		○		○	◎
2	現代社会をとらえる見方や考え方～「建設的な妥協点」を見付けよう～（社会，公民的分野） 「公正・効率」の視点に基づいて，「建設的な妥協点」を探す。	・多様な価値観 ・妥協点の統制	〈合意〉 〈公正〉	《共生社会の実現》		◎			
3	新エネルギーの利用（理科，第1分野） 自ら製作した簡易風車の条件を制御して，実証的なデータから効率の良い発電の条件を求める。	・エネルギーに関する体験 ・問題解決	〈批判〉	《資源の有限性》《エネルギーの利用》	○	◎			
4	気象観測と環境（理科，第2分野） 自ら集めた気象の観測データを基に，環境の把握と分析を行い，発信する。	・データの収集と分析 ・専門家との連携	〈解釈〉 〈発信〉	《生態系の保全》	○	◎		◎	
5	自分で育てた作物からバイオディーゼル燃料を作ろう（技術・家庭，技術分野） ゴマから燃料を作り，バイオマスエネルギーの長所と短所を理解し，それを踏まえてより良い解決策を考える。	・技術の適切な評価と活用 ・エネルギーに関する体験	〈批判〉	《エネルギーの利用》	◎	○			
6	私のエコライフを考えよう（技術・家庭，家庭分野） 生徒が環境に配慮する「エコチャレンジ」に取り組み，その結果から持続可能なチャレンジ「エコプラン」を作成する。	・日常生活への適応 ・5R（3R＋リペア＋リフューズ）	〈構想〉 〈参画〉	《生活様式の見直し》	◎	○	◎		
7	コウノトリの郷（道徳） 郷土の環境を立て直した人物の資料を読み，郷土の自然環境の保護について考える。	・自然愛護 ・郷土愛	〈参画〉	《自然や生命の尊重》《生態系の保全》		○			
8	未来の日本と地球のために私たちができること（総合的な学習の時間） 持続可能な社会を実現するために，環境教育の視点から，身近な地域の環境（獣害）について考える。	・地域教材	〈批判〉 〈参画〉	《エネルギーの利用》《共生社会の実現》		○	○		◎
9	嵯峨嵐山をフィールドに環境について学び，行動する（総合的な学習の時間） 地域の価値を知る地元の人々との連携を通して，地域を守る意識を高める。	・地域の人々との連携 ・フィールドワーク	〈関心〉	《生態系の保全》		◎		◎	◎
10	環境問題を身近に学ぶ修学旅行（特別活動・学校行事） 環境に関する自らの課題を見いだし，修学旅行で体験し，その課題を追究する。	・修学旅行 ・問題解決	〈関心〉	《資源の循環》	◎				

〔実践事例の読み取り方〕
※各実践事例においては，各教科等で用いる用語を使用している。

―1ページ目―

本事例の概要

（1）ねらい
　　本事例のねらいを簡潔に記載している。
（2）単元（題材，活動）の概要
　　本単元（題材，活動）について，学習指導要領での位置付けを示すとともに，環境教育の視点を取り入れて指導する上での教材観・題材観，指導上の基本方針などを記載している。
（3）身に付けさせたい能力や態度
　　p.24で示した「環境教育を通して身に付けさせたい能力や態度（例）」について，本事例を通して特に身に付けさせたい能力や態度を具体的に記載している。
（4）環境を捉える視点
　　p.25で示した「環境を捉える視点（例）」について，本事例で取り上げた内容と特に関連の深い視点を具体的に記載している。
（5）他教科等との関連
　　本事例に関連して，他の教科等で展開された学習活動の例や，その結果得られた成果などを記載している。

―2ページ目―

学習指導計画・評価計画

　指導時間，主な学習活動，教員の支援等及び主な評価の観点などを示した指導計画を記載し，単元（題材，活動）の指導内容を一覧できるように記載している。

　　※ 思考・判断・表現 や 知識・理解 などは，各教科等での評価の観点を略して示している。また，〈関心〉や〈解釈〉などは，p.24の「環境教育を通して身に付けさせたい能力や態度（例）」を略して示している。

―3・4ページ目―

学習活動の実際

（1）本時の目標
　　実践テーマの中核となる授業について，その目標を記載している。
（2）本時の展開
　　本時の展開における，主な学習活動，教員の支援及び評価等を一覧できるように記載している。

　　※ 思考・判断・表現 や 知識・理解 などは，各教科等での評価の観点を略して示し，〔発表〕や〔レポート〕などは，評価対象を示している。また，〈関心〉や〈解釈〉などは，p.24の「環境教育を通して身に付けさせたい能力や態度（例）」を略して示し，《資源の循環》や《生態系の保全》などは，p.25の「環境を捉える視点（例）」を示している。

（3）本時の実際
　　本時の学習活動の実際について解説し，生徒の活動の様子や作品の写真等を例示しながら，生徒の変容等を記載している。

本事例の活用に当たっての留意点

　本事例について考察し，指導する上で特に留意すべきことや，実践を成立させる上で困難だったことなどを記載している。また，地域や学校外の施設等との連携の在り方，生徒の行動の変容における展望や期待など多岐にわたっての留意点に触れている。

事例1

《社会（地理的分野）》 第2学年「身近な地域における持続可能な環境を考える」

本事例の概要

(1) ねらい

近畿地方の地域的特色を追究する学習において，琵琶湖をはじめとする近畿地方を取り巻く自然環境の変化と環境保全をテーマにその必要性を理解するとともに，身近な地域の調査において取り上げた琵琶湖の固有種である「セタシジミ（※）」が減少している課題を基に，琵琶湖の持続可能な自然環境の実現に向けた取組について考察する。（※「セタシジミ」は，琵琶湖水系にしか生息していないシジミ類の固有種であり，琵琶湖の水質浄化作用のはたらきをする環境保全のシンボルとして位置付けられている。）

(2) 単元の概要

本単元は，学習指導要領社会地理的分野「日本の諸地域」を「身近な地域の調査」と関連付けた事例である。ここでは，琵琶湖をはじめとする近畿地方の環境問題や環境保全の取組への認識を深め，環境問題をどのように解決すべきかについて，住民，企業，行政の立場でそれぞれ考えていく学習活動を設定した。

展開に当たっては，まず，「身近な地域の調査」に関わり，地域の自然に関する調査として琵琶湖の環境問題・環境保全の取組を捉える学習を行った後，予測，調査，考察した結果や内容を基に学級で話し合い，身近な地域やそれを取り巻く環境問題や環境保全の取組についての認識を深める。次に，「日本の諸地域－近畿地方－」の学習の中で，地域の環境問題に注目し，近畿地方の住民，企業，行政が問題を解決するためにどのような取組を行ってきたのかについて，人々の暮らしや産業，景観等の視点で捉える。その際，地域の工場や農家，漁協の方のインタビュー動画を作成し，活用した。

単元の終末では，再度「身近な地域」に話題を戻し，琵琶湖の自然環境の悪化の要因等を考え，持続可能な自然環境を実現するために自分たちが取り組めることを考え，提案する学習活動を設定した。その際，生徒一人一人が自分のこととして，解決に向けた取組を考えることができるように，話し合うテーマを焦点化する必要があると考え，調査活動や漁協の方のインタビュー動画で話題に上がった「セタシジミ」の減少問題を取り上げることとした。

(3) 身に付けさせたい能力や態度

○問題を捉え，その解決の構想を立てる能力〈構想〉

生徒自らが地域の調査活動を行い，身近な環境問題と自らの生活との関係について考え，そのことを基に，身近な地域の持続可能な自然環境の実現のためにどのような取組ができるかを提案しようとする。

(4) 環境を捉える視点

○生態系の保全

人々の暮らしや産業が，貴重な環境資源を活用することで成り立っており，豊かな環境を保全し，後世に残していくことが今を生きる私たちに求められていることを捉えようとする。

(5) 他教科等との関連

中学校理科第2分野「生物同士のつながり」における生態系の保全に関する学習との関連を図ることで，社会や生活の変化に対応しつつ，環境に対する負荷を最小限にとどめ，持続可能な環境の実現を目指そうとする態度を教科の枠を超えて育成する。

学習指導計画・評価計画（10時間）

時	主な学習活動	◇主な支援　◆主な評価
1〜3	身近な地域の調査から瀬田地域の自然環境の変化に気付こう ○地域の自然環境に関する調査から，地域の環境問題に興味・関心を持つ。 ○自分たちが暮らす瀬田地域の自然環境の変化や課題，環境保全への取組を理解する。	◇瀬田地域の年代別の航空写真や昔の地域を映した写真等を提示する。 ◆地域の自然環境の変化や課題を知り，関心を高めそれを意欲的に追究し捉えようとしている。 　関心・意欲・態度
4〜8	琵琶湖を取り巻く近畿地方における環境問題，環境保全について考えよう ○身近な地域の調査で知った環境問題や保全の取組を近畿地方の学習と関連付けて考察する。 ○京阪神大都市圏の拡大に伴う，開発や暮らしの変化を捉え，それに伴う琵琶湖周辺地域を含む都市化と自然環境の問題とを関連付けて考える。 ○近畿地方の府県に暮らす住民，企業，行政による環境保全の取組について考える。	◇資料，インタビュー動画を提示することにより，京阪神大都市圏の拡大や人口増加に伴う開発と環境問題を関連付けて考えさせる。 ◇資料を活用することにより，滋賀県以外の他府県で取り組んでいる環境保全や，身近な地域の住民，企業，行政が行っている環境保全への取組の現状を捉えさせる。 ◆資料を活用して，人々の暮らしの変化や開発等の様々な要因によって環境問題が発生したことを考察している。 　思考・判断・表現
9	セタシジミの減少と琵琶湖の環境問題について考えよう ○身近な地域の調査から，地元の名産である「セタシジミ」の漁獲量の減少と琵琶湖の環境問題の現状を関連付けて考察する。 ○「セタシジミ」の増加が琵琶湖の水質浄化につながることに気付く。	◇「セタシジミ」の漁獲量の減少を示すグラフ，瀬田漁協組合長のインタビュー動画，他の地域でのシジミ保全の取組などを提示し，琵琶湖の環境問題の現状と保全について考えさせる。 ◆「セタシジミ」の減少の要因と琵琶湖の環境問題を関連付けて考察している。 　思考・判断・表現〈構想〉
10 本時	「セタシジミ」が育つ持続可能な自然環境を実現するために必要な取組を考え，提案しよう ○これまでの学習で積み上げ，習得した知識等を基に，「セタシジミ」が育つための琵琶湖の持続可能な自然環境を実現するための取組について個人及び班で考え，提案する。	◇三つの立場（地域住民，企業，行政）に立って考えるようにする。 ◆それぞれの立場の考えに，違う立場の考えを新たに取り入れ，意欲的に追究し捉えようとしている。 　関心・意欲・態度〈構想〉《生態系の保全》

学習活動の実際（10/10時間）

（1）本時の目標

　これまでに学習した内容を踏まえ，「セタシジミ」が育つ琵琶湖の持続可能な自然環境の実現に向けて，今後，地域住民・漁業協同組合・企業・地方自治体としてどのような取組を行えば良いかを班で考え，提案することができる。

（2）本時の展開

主な学習活動	◇主な支援　　◆主な評価
○水質浄化作用のはたらきをする「セタシジミ」の減少と琵琶湖の環境問題について，前時に学習したことを想起する。	
「セタシジミ」が育つ持続可能な自然環境を実現するために必要な取組を考え，提案しよう	
○地域住民・漁業協同組合，企業，地方自治体の三つの立場に立ち「セタシジミ」が育つ持続可能な自然環境を実現するために必要な取組を個人及び（考えた後に）班で協議し，発表する。○三つの立場について，他のグループが提案したことを取り入れて，「セタシジミ」が育つ持続可能な自然環境を実現するために必要な取組を再考し，新たに提案を考える。○他の提案を取り入れ修正した提案をクラス全体で交流する。・漁協組合と食品を扱う企業が共同で，セタシジミを使った食品を販売し，売上げの一部を琵琶湖の環境保全に利用する。・住民が考えたセタシジミのゆるキャラを，県や市でプロデュースすることで，セタシジミへの関心を高め，琵琶湖の環境問題の現状，保全の必要性をＰＲする。など○本時のまとめをする。・持続可能な社会・環境について整理する。	◇三つの立場に分かれて，班ごとに取組を考えさせる。前時に学習したことを活用して保全の実現に向けた取組について考えさせ，提案できるように指示する。◇各自が考えた取組を出し合い，班の提案としてまとめ，ホワイトボードに記入するように指示する。◇各班のホワイトボードを集め，それぞれの立場に立った取組内容を発表させる。その際，ほかのグループの発表を聞き，提案された取組が実現可能なものであるのかという視点で判断しながら聞くように指示をする。また，他の立場が考えた取組について具体的にどのような取組なのか質問するように促す。◇他のグループが考えた実現可能な取組を参考にして，新たな提案をすることで，取組内容を検討しよりよい取組になるように促す。なお，提案する取組は，どの班の「取組」を根拠にして考えたのか説明できるように指示する。◆必要に応じて自分とは異なる考えを取り入れ，新たな持続可能な取組を意欲的に追究し，捉えようとしている。 関心・意欲・態度〈構想〉 〔ワークシートの記述〕

(3) 本時の実際

> 他の立場の考えを取り入れ，持続可能な取組を実現するための新たな提案をする

　本時を展開するに当たり，前時に，三つの立場（地域住民，企業，行政）に立って，「セタシジミ」が育つ自然環境を持続可能なものとするために必要な取組について，自分の考えをワークシートに記入させ，そのワークシートを参考に，事前にそれぞれの立場に振り分けておいた。これにより，生徒は，提案する立場が明白になり，班で意見交換がスムーズに行えただけでなく，他の班が考える提案を聞き入れ，前時とは違う新たな取組を考えることができるようになった。

　1回目の発表では，立場が違う生徒側が「実現可能な取組であるか」や「持続可能な取組になっているか」を問うなど，積極的に議論する場面が見られた。さらに，2回目の発表では，持続可能な自然環境を実現するために，それぞれの立場で協力したり，他の立場から提案されたことを取り入れ，新たな取組を提案したりする生徒の姿が見られ，意見の交流が活性化し，提案内容が深化した。

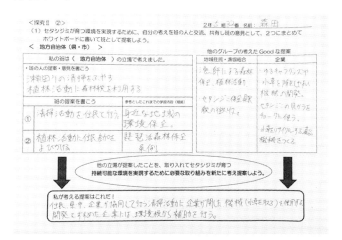

【本時のワークシート】

本事例の活用に当たっての留意点

　本事例の実施に当たっては，夏休みを利用して「身近な地域の調査」の学習に関わる現地調査を行うよう工夫した。本事例は，この調査学習を踏まえ，大項目 (2) ウの「日本の諸地域」の地元近畿地方の学習において，環境問題や環境保全を中核課題として実施した授業である。

　社会科において環境問題を扱う場合，例えば，「琵琶湖の環境保全」という漠然とした課題を設定した場合，生徒の提案内容は，「水を汚さない」や「ごみを捨てない」等の短絡的な回答に陥りがちである。そこで，地域で暮らす一人として地域に貢献できる態度を育成する必要があると考え，生徒が取り組む課題を，古くから地域で親しまれ，水質浄化の働きをする「セタシジミ」の保全に焦点化した授業としたことで，琵琶湖全体の環境保全を自らの課題として考えさせること，今を生きる私たちだけでなく，将来世代にとっても必要なことと捉えさせることができた。

　さらに，地域の方へのインタビュー動画を活用して，住民，企業，行政等の諸団体が環境保全への取組を真剣に考えることを理解させることで，地域で失われつつある自然環境を，生徒自身のこととして捉えさせるよう工夫した。このような工夫により，自然環境を持続可能なものとすることへの興味・関心を芽生えさせることができたと考えており，引き続きこのような題材を発掘することで，身近な地域のみならず，日本や地球全体の持続可能な環境の実現へ向けた一歩につながるものと期待している。

事例2

《社会（公民的分野）》 第3学年「『現代社会をとらえる見方や考え方』～『建設的な妥協点』を見付けよう～」

本事例の概要

(1) ねらい

社会の中で起こる対立や課題を解決するためには，その基盤として「現代社会をとらえる見方や考え方」，また，課題解決に至るための手法や手続きを身に付けることが必要であることを理解し，個々の人々の立場や考え方が異なることを知り，それらを尊重して共に生きようとする視点が大切であることに気付く。

(2) 単元の概要

本単元は，学習指導要領社会　公民的分野「私たちと現代社会」に環境教育の視点を取り入れた事例である。

ここでは，環境に関する問題を解決するためには，自分の意見だけでなく，相手の立場や考え方を理解した上で社会的な合意を形成していく必要があることを理解する。それぞれの問題を多面的，総合的に捉え，データや根拠に基づいて実証的に考察し，公正な判断をしようとする生徒の育成を目指す。

単元の展開に当たっては，まず対立が起こった場面で，どのように合意を形成していくかを身近な事例を通して考え，「効率」（社会全体として無駄を省く）と「公正」（きまりの中心には，個人の尊重に重きを置く）の視点を1時間ずつに分けてそれぞれ学習し，鍵となる概念を捉えられるようにする。

話合いの場面では，互いの意見を理解しやすくするため，授業の流れをプロジェクターを使って説明したり，個人の最終判断を色紙に書いて机上に置いたりすることで，自分の立場や互いの考えを視覚的に捉えることができるようにする。また，身近な地域の話題を具体的に提示することで，自分たちの生活にも環境問題が深く関係していることを意識できるようにする。

本単元では，現代社会の特徴を捉えるための基礎的枠組みとしての「対立と合意」，「効率と公正」などの視点の習得ができるように，生徒にとってより身近で具体的な事例を取り上げる。単元の終末には，これまでの学習を振り返る中で，対立から合意を形成するためには，個々の立場や考え方が異なることを知り，その妥協点を探る建設的な話合いが必要であり，共に生きようとする視点が大切であることを，生徒自ら気付くことができるようにする。

(3) 身に付けさせたい能力や態度

○合意を形成しようとする態度〈合意〉

話合い活動を通して，意見の対立を解消するために，「建設的な妥協点」を見付けようとする。

○公正に判断しようとする態度〈公正〉

市のごみ処理場をどこに建設すべきかを，これまでに学習した「効率と公正」などの枠組みを用い，環境とそこに住む人々の生活とも関連付けて考える。

(4) 環境を捉える視点

○共生社会の実現

環境問題の解決に当たって，個々の人々の立場や考え方はそれぞれに異なり，単純に答えを導き出すことが困難であることを理解し，環境問題について自分の考えを持ち，相手の立場や考えを理解しながら，公正な判断ができているかを考える。

(5) 他教科等との関連

本単元の指導内容は理科「自然環境の保全と科学技術の利用」と関連する。環境保全に関わるテーマを設定し，中学校社会科のまとめの学習として発表や討論をさせる際，理科の学習を踏まえて持続可能な環境保全を生徒が本授業と関連付けて意見できるように連携する。

学習指導計画・評価計画（5時間）

時	主な学習活動	◇主な支援　◆主な評価
1	意見の対立を解消するために，どのような行動を取れば良いのだろうか ○家族旅行の行き先をめぐる対立を考え，どのような行動を取れば納得のいく解決方法となるか考える。 ・多数決で決める，我慢した人には見返りがあるようにする，近い意見を合わせる，少しずつみんなが負担を分け合うなど。	◇私たちの身の回りには，様々な対立が起こることに気付くようにする。 ◆社会の中で起こりうる対立を意欲的に追究し，考えようとしている。　関心・意欲・態度
2	対立から合意に至るには，どのような判断の基準が必要だろうか ○山陰地方に新幹線を通すならば，どのルートがよいかを考える。 ・米子市は，山陰地方の中間地点であり，松江市や出雲市なども近く，周辺には観光地も多いので，観光客も多く訪れるなど。	◇与えられた情報を使って，根拠を考えるようにする。 ◆合意に至るまでの判断基準として「効率」の視点が大切であるということを理解し，その知識を身に付けている。　知識・理解
3	○マンションでの生活には，どのような問題があるかを考える。 ・ごみ出しに対する問題，騒音に対する問題など。 ・外国人の住人に対するルールの徹底など。 ○ごみ出しのルールを考える。 ・夜にごみは出さないようにする，外国語版も同時に回覧板で回すなど。	◆資料を見ながら，必要な情報を収集している。　技能 ◆合意に至るまでの判断基準として「公正」の視点が大切であるということを理解し，その知識を身に付けている。　知識・理解
4・5 本時	対立の中から「建設的な妥協点」を見付けよう 〈ごみ処理場建設予定地のシミュレーション〉 これまでは，それぞれの地区のごみ処理場でごみを燃やしていた。施設の老朽化により有毒ガスなどの問題が発生した。人口の増加に伴い，これまであった三つのごみ処理場を一つにまとめて，新しいごみ処理場を建設することになった。 A地区　人口は5万人。地価は最も安い。面積は最も広く，田畑や緑の多い自然の豊かな地区である。地区内にある自然公園は，休日になると家族連れでにぎわっている。市街地からは少し離れており，近年道路整備が進んでいる。 B地区　人口は15万人。地価は最近上がってきている。A地区とC地区の間に位置している。面積は最も狭いが，住宅地が多く，マンション建設などにより人口が急増している。市街地が遠く，道路が整備され幅広い。 C地区　人口は20万人。地価は最も高い。面積はA地区とB地区の中間くらいであり，学校や商店街，市役所などが集まり，この仮想の都市の中心となっている地区でもある。ごみの排出量が最も多い地区である。 ○それぞれの都市に建設したときのメリット，デメリットを考える。 ○ごみ処理場を建設するとしたら，どのようなところに建てるのが良いかを考える。 （仮想の都市のA地区，B地区，C地区から選ぶ。） ○ごみ処理場の建設予定地の住民が納得するためには，どのような補償や手立てがあれば良いかを考える。 ・ごみ袋の無料配布，医療費負担など。	◇班での話合いを通して，意見を深めさせる。 ◇班でまとまった意見を聞き，自分の意見を再検討させる。 ◆「効率」という判断基準を根拠にしながら自分なりの考えを持ち，それを表現している。 　思考・判断・表現　〈合意〉 ◇班での話合いを通して，「建設的な妥協点」を考えさせる。 ◆「公正」という判断基準も根拠にしながら自分なりの考えを持ち，それを表現している。 　思考・判断・表現　〈公正〉《共生社会の実現》

学習活動の実際（5／5時間）

(1) 本時の目標
　ごみ処理場の建設をめぐる対立を例に，「効率」という判断基準を根拠にしながら，自分の考えを相手に伝え，「公正」の判断基準を踏まえて，より良い合意（建設的な妥協点）に導くことができる。

(2) 本時の展開

主な学習活動	◇主な支援　◆主な評価
○前時までの学習を想起する。 ・合意に至るための判断基準として，「効率」「公正」といった視点が大切である。	◇「対立と合意」「効率と公正」といったキーワードを思い出せるように，プレゼンテーションソフトを使って提示する。
対立の中から「建設的な妥協点」を見付けよう	
○ごみ処理場をどこに建設すれば良いか個人で意見を考える。 ○班になり，お互いの意見を聞き合い，班の意見をまとめる。 ○班の意見を理由とともに発表する。	◇それぞれのメリット，デメリットを根拠としながら意見をまとめさせる。 ◇班で意見がまとまらない場合は，話合いの過程を伝えるように助言する。 ◆「効率」という判断基準を根拠にしながら自分の意見を表現している。 　[思考・判断・表現]　〈合意〉 　〔発言分析・記述分析〕

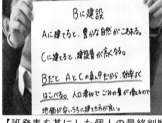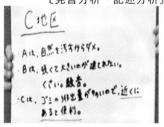
【班発表を基にした個人の最終判断】

○個人の最終判断をする。多数決を行い，学級の意見を決める。 ○建設が決まった地区の住民に対して，どのような補償や手立てがあれば納得できるかを考える。 ・ごみ袋の無料配布をする，発電に発展させ，電気を安く提供するなど。 ○本時のまとめをする。 ・「建設的な妥協点」を見付けるために大切なことは何かを振り返る。	◇A地区＝赤　B地区＝青　C地区＝黄のようにお互いの意見がはっきりと分かるように机の上に色札を置いて意見表明させる。 ◇判断基準として「公正」の視点（立場が変わっても納得できる）も使って考えさせるようにする。 ◆「対立と合意」「効率と公正」などの視点を基に自分の考えをまとめている。 　[思考・判断・表現]　〈公正〉 　〔発言分析・記述分析〕

（3）本時の実際

友達の意見を参考にしながら，自分の意見をまとめる。

　前時にも別のテーマで同じような流れで学習したことで，班活動にもスムーズに入ることができた。班の中で，自分の意見を相手に根拠を持って伝えようとする生徒も多く，他の生徒の意見も聞いていく中で意見を修正しながらより良いものにしていこうとする姿が見られた。

　特に，班での活動の際には意見をまとめることが難しく，最後までそれぞれの意見に対して質問したり，議論を重ねたりしているところもあった。そして，班での発表の後に個人としての最終判断を考えさせ，自分の意見が周りの人にも分かるように3色の色札を机の上に置くことで全体の把握もでき，自信を持って発表することにもつながった。

【根拠を基に自分の意見を伝える】

【授業の感想より】

> 　自分の意見をまず考えて，これ以上はもう考えられないと思っていても，班で話し合うとたくさんの意見が出たり，全く違う意見も出てきたりして面白かった。班での相談も大切なことだと実感できた。より良い合意を見付けるためには，たくさんの意見をできるだけ考えて，その中から「効率」や「公正」の視点を使って，より良い条件を抜き出すことが大切だと分かった。自分が思い付かなかった考えが他の人から出るように，自分が思っていなくても相手にとっては不利益に感じることもあるので，これからは気を付けていきたい。

ごみ処理場の建設予定地を身のまわりの環境と結び付けて考える。

　本時の学習内容は，シミュレーションということで実際の生活とは少し離れていて，考えにくいのではと思っていた。しかし，実際に班で話し合う中で「隣の校区にあるごみ処理場では反対はなかったのだろうか」「においや騒音の問題はないのだろうか」と自分たちの身の回りの環境と結び付けて話合いを進めているのが興味深かった。

　生徒たちは，「もし，近くにごみ処理場ができたらどうなるだろうか」とイメージを膨らませていた。「公正」という視点で考えるときには，立場が変わっても納得できるということが大切である。授業の後半に，建設が決まった地区の住民への補償や手立てを考えさせたが，このときも「公正」の視点を使いながら，自分がそこに住んでいたらと立場をイメージさせることで，より現実的で実現可能な意見を多く出すことができた。

【班で補償や手立てを考える】

本事例の活用に当たっての留意点

　将来にわたり，ごみ処理場や下水処理場をはじめとした生活環境に関わる問題に直面したり，議論したりする際に，「効率」「公正」といった視点を使って考える力を育むため，生徒にとってより身近な事例を取り上げることが大切である。そこで，本事例を行うに当たっては，できるだけ意見の対立が起こるような場面を設定した。時間に余裕があれば，班の中での役割（それぞれの地区住民，行政，第三者など）を設定して議論を進めると，より多面的・総合的な考え方に結び付くのではないかと考える。対立から合意に至るまでの道のりは，非常に長い時間と労力を要する。しっかりと時間を確保し，「効率と公正」の視点を考えさせる必要があることが痛感された。

事例3

《理科（第1分野）》 第3学年「新エネルギーの利用」

本事例の概要

(1) ねらい

　新エネルギーの利用の概要を理解し，風力発電に関する探究活動を通して，実験計画の立案や科学的な分析や解釈を行う。また，環境に関わる「唯一の解がない課題」に対して，最適な解が得られるよう創意工夫して取り組み，生徒同士で結果を吟味・議論して結論を導くなどの活動を通し，「言い過ぎがないか」，「他の可能性はないか」など，批判的，多面的に考察する。

(2) 単元の概要

　本単元は，学習指導要領理科　第1分野「科学技術と人間」の「様々なエネルギーとその変換」，「エネルギー資源」の内容に関わる事例である。

　ここでは，日本にはエネルギー資源が乏しく，その安定確保が大きな課題であるとともに，環境保全の視点からもエネルギーの有効利用が重要であることを理解する。また，火力，水力，原子力などの主要な発電以外に，様々なエネルギーの利用が進められており，中でも環境への負荷がなるべく小さいエネルギー資源の開発と利用が課題であることを認識し，それらの現状や課題について科学的に考えることができる生徒の育成を目指す。

　本単元では，エネルギーの現状についての概要を学んだ後に，風力発電に関する探究活動を行う。課題研究の展開に当たっては，生徒の創意工夫を生かして条件制御を行った実験となるよう配慮するが，他班との議論が進むよう，主に調べる条件に関する実験（主テーマ）のほか，別の条件を変化させる実験（副テーマ）をそれぞれ行う。これにより中間発表では，課題の共有化を図るとともに，自分たちの実験結果と他班のものとを比較してその方法や結果を批判的に考えたり，アドバイスや議論したりする展開を図る。

(3) 身に付けさせたい能力や態度

○**批判的に考え，改善する能力〈批判〉**

　複雑な事象に対しても，データに基づき科学的に考えるとともに，条件の妥当性や他の可能性を批判的に考え，より良い課題解決に向けて粘り強く取り組む。

(4) 環境を捉える視点

○**資源の有限性**

　化石燃料が有限であることやその利用に伴う二酸化炭素排出が大きな問題となっていることなどの課題について，持続可能性と環境保全の視点を踏まえて考える。

○**エネルギーの利用**

　日本のエネルギー利用の現状や，環境負荷がより小さい新エネルギーの開発の重要性を理解し，エネルギー利用と環境への影響を生活と関連させて考える。

(5) 教科等の関連

　本単元の指導内容は，学習指導要領社会 地理的分野「(2) 日本の様々な地域 イ 世界と比べた日本の地域的特色（ウ）資源・エネルギーと産業」との関連が深い。そこでの日本の風力発電所の分布や，多くの国で工業化が進み資源確保の競争が激しくなっていることなどの学習を踏まえ，資源やエネルギーの有限性に対する関心を高めている。これら社会科の学びを生かし，本単元では第1時で，資源・エネルギーの消費の現状と安定供給の課題について学んだ上で，第7時には風力発電に適した国内の地域の特徴についてや，風力発電が多い国の地理的条件などについて考える。ま

た，社会科との関連から，新エネルギー利用の普及には，科学技術の発展に加えて，それが利益につながり商業的に成立する点が重要であることに気付かせることができると考える。

学習指導計画・評価計画（7時間）

時	主な学習活動	◇主な支援　◆主な評価
1	**日本でのエネルギーの利用や発電について知ろう** ○日本の1次エネルギーの動向や，発電方法の割合などのデータより，日本のエネルギー供給に関する課題を考える。 ○新エネルギーの例として風力を取り上げ，ペットボトル風車での発電実験を行う。その際，羽根の長さや枚数など，自由な発想で実験し，どのような要素が発電量と関係しているかを考える。 【実験1】発電機（風力発電キット）にペットボトルを切って作った羽根をつけ，30cm離れた位置に置いたサーキュレーターからの風を当て，発電機で生じる電圧を測定する。	◇日本のエネルギー消費量の多くが化石燃料に依存しており，その安定供給や環境問題などの課題が生じていることや，新エネルギーの開発と利用が進んできたがまだ主要なものになっていない点に気付かせる。 ◇探究活動の基礎となる実験技能を習得させる。 ◆各種のデータと環境に関する課題との関連を考察し判断しようとしている。　関心・意欲・態度 ◆主体的に実験に取り組み，その結果から発電量と羽根の形状について予想し，自らの考えを表現している。　思考・表現　《資源の有限性》
2	**最大の電力を生み出す風力発電装置をつくろう（風力発電に挑戦）** ○各班の課題を決定する。 ・関係が予想される要素を整理し，各班で異なる羽根の条件（テーマ）を決め，実験計画を立案 ○実験方法を確認する。 ・羽根の作成と接続についての説明	◇クラス全体で，いろいろな要素の関係が調べられるように各班のテーマを調整する。 ◇適切な条件制御での実験計画になるよう支援する。 ◆条件制御を行って，実験計画を考えて表現している。　思考・表現　《エネルギーの利用》
3・4	○作成した羽根で実験2を実施する。 【実験2】発電機に抵抗を接続して，その抵抗に加わる電圧を測定し，抵抗での消費電力を計算する。（接続する抵抗の値は，発電機の抵抗値と同じものが良い。） ・羽根の作成と測定（班ごとで実験を計画・実施） ・他の班と情報交換をしながら，創意工夫 ・結果は分かりやすいように図やグラフを活用 ※実験1は負荷がない回転で電圧は回転数に比例する。実験2は，抵抗での消費電力が計算でき，実験1の特徴と異なる結果となる。	◇各班で話し合った内容を含めて実験ノートとして適切な記録を取るよう指導する。 ◇結果が出た段階で他班との情報交換を促す。 ◆目的意識を持ち創意工夫して，科学的に実験を進める方法を身に付けている。　技能 ◆結果を分析・解釈して発表資料を適切にまとめ，表現している。　思考・表現
5 本時	**「風力発電に挑戦」の結果を比較してまとめよう** ○発表会を実施する。 ・実験の方法や結果，考察を分かりやすく説明し，質疑応答 ・「実験方法は条件制御を適切に行ったものか」など，批判的に考え，意見発表 ・自分たちの班の工夫点や結果との比較でアドバイス	◇各班の発表に対する質疑応答を促す。 ◇アドバイスシートを利用した相互評価及び意見の交換を支援する。 ◆的確に発表及びアドバイスを行う中で自らの考えを表現している。　思考・表現　〈批判〉
6	○追加実験とレポートを作成する。 ・他班の結果やほかからのアドバイスを参考に追加実験を行い，レポートを作成	◆結果を分析・解釈してレポートに適切にまとめ，表現している。　思考・表現　〈批判〉
7	**新エネルギーの利用について考えよう** ○探究実験は限られた条件下での実験室での発電だが，自然環境では風速，風向などの条件が激しく変化するなどの違いを分析し，新エネルギーのメリット，デメリットを考える。 ○太陽光発電では，需要がピークになる時間に発電量が多くなる特性もあり，それぞれの特性を生かした利用を考える。 ○新エネルギー利用において，消費者側の課題を考える。	◇いろいろな発電方法のメリット，デメリットを効率や装置1台あたりの発電量，安定性，環境負荷など様々な視点から考えるように促す。 ◇これからのエネルギー利用の在り方を，日常生活と関連付けて考えさせる。 ◆それぞれの発電方法のメリット，デメリットについて理解し，知識を身に付けている。　知識・理解 ◆新エネルギー利用の課題を，日常生活との関わりで見ようとしている。　関心・意欲・態度　《エネルギーの利用》

第3章　中学校における実践事例　55

学習活動の実際（5／7時間）

（1）本時の目標
各班で行った実験やその解釈について科学的，批判的に的確に説明することができる。また，他班と協働して，最大の電力を取り出せる条件について，実験を通して見いだすことができる。

（2）本時の展開

主な学習活動	◇主な支援　◆主な評価
○前時までの学習を振り返り，本時の活動を確認する。	
「風力発電に挑戦」の結果を比較してまとめよう	
○各テーマの発表を聞き，それぞれの実験方法や結果についての意見，アドバイスを交換する。 ・発表テーマ 　A．羽根の長さを変える 　B．羽根の角度を変える 　C．羽根の枚数を変える 　D．羽根の厚さ（質量）を変える 　E．羽根の大きさ（幅）を変える 　F．羽根の形を変える ・同じテーマを研究した班などからの質問や意見を受け，応答する。 ・以下のアドバイスシートを使って発表の相互評価を行うとともに，実験に対する意見やアドバイスをし合うことで，最終まとめの参考とする。 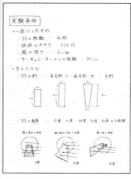 【アドバイスシート（記入例）】	◇各テーマ1班ずつの発表とし，事前に調整する。 ◇発表しない班もレポート提出により評価する。 ◇プレゼンテーション資料は現段階での実験レポートを用い，それを教材提示装置でスクリーンに映して発表させる。 ◇質疑応答を促す。 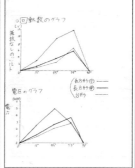 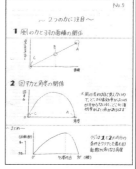 【発表資料の例】
○各発表へのアドバイスシートを主テーマが同じ班で共有して，最終まとめへ結び付ける。	◇他者の意見やアドバイスを各班で別紙にまとめるよう指示する。（授業時間外の課題とする。） ◆発表を的確に行うとともに，科学的，批判的に考察して，質疑やアドバイスシートで他班に対して建設的な意見や助言等自らの考えを表現している。 　思考・表現　〈批判〉〔発言分析・記述分析〕

（3）本時の実際

最適な風力発電の羽根の条件を考える

自分たちで実験方法を考えるこの活動は，生徒の関心が高いものとなった。実験1で電圧が大き

くなった．小さくて軽い風車は，実験2では大きな電力を取り出すことができず予想と異なる結果が得られたことも，生徒の興味・関心を引き出すのに有効であった．しかし，最適な条件は様々な要素が関係するため，簡単に見いだせるものではなかった．また，例えば羽根の長さを変化させる実験では，羽根の角度などほかの条件をどうすべきかが課題となる．そこで，主に調べる条件に関する実験（主テーマ）のほか，別の条件を大まかに変化させる実験（副テーマ）を行うことで，他の条件を決

【実験風景】

めていった．副テーマを設定したことで，他班への意見やアドバイスを引き出すことにもつながったと考えられる．生徒たちの結果を総合して風車の特徴として分かったことは以下のとおりである．

相互評価，アドバイスで研究を深める

・羽根の角度は風の進行方向に対して，プロペラ面が75°以上のときが良いが，90°では回らない．
・同じ長さ・面積の羽根なら，軽い方が大きな電力を発生できる．
・羽根の長さは大きいほど良いのではなく，サーキュレーターの大きさ程度が最も発電量が大きい．
・電圧を発生させるだけなら，羽根が短い方が良いが，抵抗を接続して電力を取り出すには，大きな羽根の方が良い．

質疑応答では，「実験の仕方が適切だったか」，「データの見方は適切か」，「実験の考察について違う見方もできるのでは」，「自分たちの班の結果と比較して」などの科学的，批判的な観点での質問やアドバイスが行われ，質問に対する応答も自信を持って行う様子が見られた．各班で副テーマの実験も行っているためか，質疑応答でそれぞれのテーマについて議論を深めることができた．また，アドバイスシートは，記入者の名前を消した状態で各班へフィードバックして共有することで最終のまとめへと結び付けた．

本時の感想では「自分たちで羽根を作って試行錯誤して良い結果を得られたときの達成感がとてもうれしかった」，「私は『探究活動』というと難しそうで自分にはできるわけないと思っていたが実際にしてみると様々なアイデアが浮かんで楽しいものになった」，「他の班の考察が広いスケールでの話で驚いたし興味深いと感じた」など，活動を通して，生徒自身の科学的・論理的思考力や創造性が育っている様子が見られた．

本事例の活用に当たっての留意点

実験室で一定の向き・風速の条件で行うこの活動での最適条件は，向きや強さが変動する実際の風力発電装置のものとは異なり，風力エネルギーを大規模発電として利用するには，地形的条件や気象を考慮する必要性があることに気付くことができた．

第7時では，この実験を踏まえ，地理的，地学的知識も踏まえて自然環境を総合的に捉えて，自然エネルギーの利用のメリット，デメリットなどを考えるとともに，エネルギーの有効利用の視点で日常生活を見直す展開が有効となった．長時間にわたる探究活動や発表会を行ったためか，生徒たちに短絡的に結論を出そうとする姿勢は見られなかった．また，この後に学習した社会科公民的分野「(4) 私たちと国際社会の諸課題」で，地球環境，資源・エネルギーなどを扱う場面でも，データに基づき多面的に議論する姿が見られた．

これらの展開を踏まえて，エネルギー利用に関する諸課題のより良い解決に向けては，科学技術の発展が一層重要になることや，社会的な側面として新エネルギーの利用が普及するためにそれが商業的に成立する必要があることなどを理解させることで，更に多面的，総合的に考えようとする態度を育みたい．

事例4

《理科（第2分野）》 第2学年「気象観測と環境」

本事例の概要
（1）ねらい

　雲形，雲量，気温，気圧などの気象要素の継続的な観測を行い，それらのデータを科学的な考え方に基づいて解釈することで，自然環境が自然界のつり合いの上に成り立つことを理解するとともに，自然環境と人々の生活との関係を考察する。

（2）単元の概要

　本単元は，学習指導要領理科　第2分野「気象とその変化」における事例である。多くの気象要素が自動で観測できる現在においても，目視でしか観測できない要素があることに気付き，意欲的に目的を持って観測する態度を身に付けることは，極めて重要であると考えられる。そこで，観測を継続的に行うことで，気象要素が定性的かつ定量的に記録でき，それらの観測データから関係性を見いだす力や，水の循環を扱うことで自然環境と人々の生活との関係を考察する力の育成を目指して本単元を構成した。

　雲形（雲の状態），雲量（天気）は，各地域の気象台においても目視による観測が行われている。この単元でも継続的な雲形と雲量の観測を行い，天気が定性的に記録できることや日々そして季節により変化すること，地域規模，地球規模のスケールでの変化も見られることを理解させるように努めた。また，その他の気象要素も，気象観測器具を用いて観測して定量的に扱い，天気との関係を科学的な考え方に基づき解釈できるようにした。また，気象要素のほかに降水のpHと大気中の二酸化窒素量の測定も行い，環境汚染の指標の一つである酸性雨を扱うことを通して，水の循環に視点を置き，降水のpHに影響を及ぼす要因や水の中に含まれる化学物質が生態系に与える影響を考察する力を養おうとした。

　この単元では，季節による気象変化も含めて理解させたいため，1年を通して観測を行い，他の単元と平行して学習した。単元の終末には，観測データを科学的に解釈し，人々の生活が自然環境に影響を及ぼしていることに気付き，環境保全のために必要な改善を考えられるようにした。

（3）身に付けさせたい能力や態度

○データや事実，調査結果を整理し，解釈する能力〈解釈〉

　観察，観測で得たデータを表やグラフで整理し，天気や気象要素との関係を解釈する。

○情報を発信しようとする態度〈発信〉

　解釈できた内容をポスターにまとめ発表し，相手にしっかりと伝える。

（4）環境を捉える視点

○生態系の保全

　観測項目に降水のpHと大気中の二酸化窒素量を加えて降水現象と関連させ，水の循環から生態系の保全について広い視野で見る必要性があることを実感する。

（5）他教科等との関連

　学習指導要領社会地理的分野「世界の様々な地域」を扱う際に，本校ではヨーロッパ州の環境問題として「酸性雨による被害」を学んでいる。酸性雨による被害は，ドイツの森林の立枯れ等もあるが，本単元では自分たちが現在住んでいる地域の降水のpHや二酸化窒素量を測定して，酸性雨の発生の仕組みを科学的に理解できるようにする。ヨーロッパ州では偏西風により酸性雨が国境を越えているが，日本においても国境を越える大気汚染の要因の一つに偏西風があること

を，季節の天気図を読み取り理解していく。加えて，土壌や河川，湖沼の酸性化が生態系に影響を及ぼしていることから水の循環を捉えていく。

学習指導計画・評価計画（17時間）

時	主な学習活動	◇主な支援　◆主な評価
1	**私たちと気象の関係を調べよう** （4月） ○気象と私たちの生活との関連，天気予報に必要な気象要素について調べる。	◆気象要素について事象を日常生活との関わりで見ようとしている。 ［関心・意欲・態度］
2	**気象観測の方法を学ぼう** ○雲形や雲量，および天気は目視が必要であることを理解する。 ○屋外で雲形の観測を行う。	◇十種雲形が記載されている資料を用意する。 ◇観測時には雲形の写真を撮ることを確認する。 ◆気象観測機器の操作の仕方を身に付けている。 ［観察・実験の技能］
3	**気象観測のルールを決め，観測しよう** ○継続的な観測のためのルールやデータの公開方法を生徒たち自身で決める。 ○観測を開始する。以降，継続的に行う。 【雲形の観測】 ○毎日の天気図を記録する。	◇毎日，同じ時間に複数人で観測できるように調整する。 ◇観測したデータを公開することで，意欲的に取り組むようにする。 【雲形の写真掲示】 ◆気象要素を観測して，記録し，表などへの整理の仕方を身に付けている。 ［技能］
	他の単元と並行して学習する	
4・5	**データを整理し，気象要素の規則性を考えよう** （5月） ○観測したグループの報告会を行う。（以降，月ごとに行う。） ○雲のでき方について学ぶ。 ○湿度と雲形の関係を考察する。	◇雲のでき方を説明する。 ◇降水のpHを観測項目に入れる。（降雪のpHでも良い。） ◆データから気象要素には規則性があることに気付き表現している。 ［思考・表現］〈解釈〉
6・7	**降水のpHから水の循環を考えよう** （6月） ○降水のpH変化について考察する。 ・窒素酸化物や硫黄酸化物が要因であることの確認 ・水の中に含まれる化学物質が環境に与える影響について調査 ○報告会を行う。	◇降水のpHからその要因と水の循環について説明する。 ◇化石燃料の燃焼ガスを測定する方法を調べさせる。 ◆水の動きについて考え，水の循環について自らの考えをまとめ表現している。 ［思考・表現］《生態系の保全》
8・9	**二酸化窒素量を観測してみよう** （9月） ○二酸化窒素量の観測計画を立て，観測を行う。 ○報告会を行う。	◆二酸化窒素量を観測，記録の仕方を身に付けている。 ［技能］
10〜14	**天気と天気図について考えよう** （10月〜1月） ○天気図と天気について考察する。 ○月ごとに報告会を行う。	◆天気図から日本の天気の特徴と気団との関連について自らの考えをまとめ，表現している。 ［思考・表現］
15〜17 本時	**全ての観測データを整理考察し，まとめて発表しよう** （2月） ○全てのデータを用いて，天気を地域規模，地球規模のスケールでの観点から分析し解釈する。 ○解釈したことを模造紙にまとめ，発表する。 ○発表を振り返る。	◆データから科学的根拠に基づいて，幾つかのデータの関係を判断している。 ◆自らの考えをまとめて適切な方法で表現している。 ［思考・表現］〈解釈〉〈発信〉

学習活動の実際（15～17/17時間）

(1) 本時の目標
観測したデータを解釈して気象現象が多様な要因によって起こるものであることを認識し，地域規模・地球規模スケールの変化があることを理解できる。また，自らの考えを発表し，他人の考えを聞くことにより地球環境について考えることができる。

(2) 本時の展開

主な学習活動	◇主な支援　◆評価
○前時までの学習を想起する。	
<div style="text-align:center">データをまとめ，地域規模，地球規模のスケールでの変化に注目して考察しよう</div>	
○全ての観測データをまとめ，要素ごとにグラフ化する。 ○観測グループごとに考察するテーマを決める。 ・地域的な変化に注目 ・他の地域と比較 ・酸性雨が自然環境へ及ぼす影響の考察 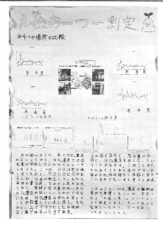 【NO₂に注目したポスター】 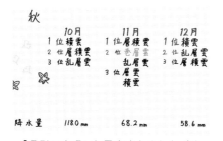 【月別に出現した雲をまとめた（一部）】	◇グラフ化にはPC(表計算ソフト)を使用させる。  【生徒がまとめたグラフ】 ◇雲形の写真を月ごとにまとめて提示させる。 ◇観測した期間の地元気象台のデータを用意する。 ◇テーマが重ならないように調整する。 ◇中間報告(レポート)を受けて助言する。 ◆観測したデータ(気象要素)同士の相関関係や天気との関係などについて，科学的根拠に基づいて解釈し，表現している。 思考・表現　〈解釈〉［記述分析］
<div style="text-align:center">整理したことをまとめて発表会をしよう</div>	
○観測グループごとに模造紙にまとめる。 ○ポスター発表する。 ○発表を聞き，自分たちのグループとの類似性，相違性などをまとめて振り返る。  【発表の様子】	◇模造紙へのまとめ方を助言する。 ◇発表原稿を用意させ，リハーサルを行わせる。 ◆自分の考えをまとめて発表している。 ◆広い視野を持って地球環境について自らの考えを導き表現している。 思考・表現　〈発信〉［記述分析・発表］

(3) 本時の実際

観測したデータを解釈してまとめる

生徒たちは観測した気象要素の中から二つほどを選び，その関係を考察した。「雲形と湿度」のテーマでは，この地域の年平均湿度65％を基準として考察した。65％以上になった日数を月ごとにまとめると5月から9月までは多く，12月から2月までは少な

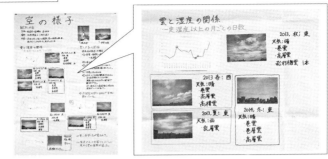

【雲形と湿度との関係のポスターとその一部を拡大したもの】

かった。これをグラフに表し，観測した雲形と比較をすると65％以上のときは乱層雲，層積雲が多く，それ以下のときは巻雲，巻層雲が多いとまとめ，自信を持って発表することができた。

二酸化窒素量をテーマにした生徒たちは，まず二酸化窒素量の観測データの信頼性を環境省のものと比較して確認した。そして考察を始めたが「温度と二酸化窒素量」や「降水のpHと二酸化窒素量」では明確な相関が得られなかった。ただし，降水のpHが酸性側に傾いていることから，酸性雨の要因を二酸化窒素量と関連付けてまとめた。中には水の循環に視点を置き，近隣のため池のpHに興味を示す生徒もいた。また，改めて二酸化窒素量と車の排気ガスとの関係を実際に観測して確かめたいと計画する生徒も現れた。「日射量と二酸化窒素量」では生徒たちの解釈で相関が見られ，その結果「大陸越境説」と「紫外線分解説」が出て，どちらも譲らず議論が続いた。大陸越境説は黄砂やPM2.5が偏西風にのって国境を超えてくることから出た発想であり，地球環境は広い視野で見る必要があることを実感できた。発表原稿はグループ全員でまとめるところもあれば，分担して一人一人でまとめるグループもあった。グループごとにリハーサルを行い，分かりづらい表現はないかを確認した上で本番に臨んだ。

本事例の活用に当たっての留意点

観測を継続させるのは努力を要することである。できるだけ生徒主体となるように生徒らがルールを決めるようにした。複数のクラスが同時刻に同じ観測をすると，観測への意欲が薄れる可能性があるため，雲形，雲量は全クラスが観測し，他の気象要素は各クラスに分担させるのも一つの方法だと考える。気象要素を解釈しまとめる時間を十分確保することはできなかったが，月ごとに報告会を行ったことでデータの変化を理解しており，スムーズにまとめに入ることができた。生徒らが興味を示した近隣のため池のpHは，長期間にわたり化学部が観測していたのでデータを提示してもらった。また，二酸化窒素量と車の排気ガスとの関係を明確にする計画を立てた生徒は，本事例後の3月下旬〜4月上旬に学校敷地内の駐車車両の数と二酸化窒素量の観測を行うなど，身近なところで人々の生活が環境に影響を及ぼしている可能性を捉えようとした。二酸化窒素量の冬季の増加から「大陸越境説」が，夏季の減少から「紫外線分解説」が出た。いろいろな資料で調べたが明確な答えは得られず，インターネットで地球環境を専門にしている大学を探し電子メールで問い合わせた結果，「二酸化窒素の大気中での寿命は0.5〜1日であり，紫外線で分解される可能性が高い」という回答が得られた。生徒らは観測データから様々な解釈をしてその正解を求めており，教員の知識だけでは不十分で，専門家への問合せは大変有効である。今後更にそこから専門家との交流が生まれ，次の段階へ上がることも期待している。

事例5

《技術・家庭（技術分野）》　第1学年「自分で育てた作物からバイオディーゼル燃料を作ろう」

本事例の概要

（1）ねらい

　ゴマを育てて搾油し，バイオディーゼル燃料を作り出し，実際にエンジンを運転する体験を通して，生物育成やエネルギー変換に関する技術と社会や環境との関わりに気付き，それらを適切に評価し活用する能力と態度を身に付ける。

（2）題材の概要

　本題材は，学習指導要領技術・家庭科の技術分野「Bエネルギー変換に関する技術」と「C生物育成に関する技術」との関連を図った事例である。

　ここでは，「内容B」で，自動車等の動力源としてガソリンや軽油といった燃料が使われていることを学んだ上で，「内容C」として，エネルギー問題を解決するために，ゴマを育てバイオディーゼル燃料（以下「BDF」）を作り出す学習を行うことで，この燃料の長所と短所を踏まえて，更により良い解決策を考えていくとともに，エネルギー不足や環境破壊といった問題の解決や持続可能な社会を構築するために必要となる，技術を適切に評価し活用する能力と態度を身に付けることを目指している。

　本題材では，自動車のエネルギー変換を切り口とし，化石燃料の枯渇や地球温暖化といった問題を解決するための方法として，ゴマを用いたBDFの作成に取り組む。生徒は，より多くのゴマを収穫できるよう栽培計画を立て管理作業を行った後，収穫したゴマ油を搾油し，その後，教員がBDF化する。作ったBDFでディーゼルエンジンを動かし，その排気ガスの色などを軽油の場合と比較する中で，それぞれの環境に対する影響等を考える。これらの体験を通して，生徒には自ら用いた生物育成に関する技術が，エネルギー問題を解決するために有効であることを実感できる。また，自分たちの行ったBDFの生産では非常に高額な経費が掛かってしまうことから，もっと安くする方法を考え，技術面や新たな制度の考案など様々なアイディアを出していく。このような活動を通して，使用目的，使用条件に応じて，技術の光と影を踏まえて適切に活用できる能力と，技術を活用して持続可能な社会を構築していこうとする態度を身に付けていく。

（3）身に付けさせたい能力や態度

○批判的に考え，改善する能力〈批判〉

　生物育成に関する技術やエネルギー変換に関する技術の利用について，社会的，環境的及び経済的側面から比較検討し，より良い活用について考える。

（4）環境を捉える視点

○エネルギーの利用

　バイオマス燃料や化石燃料を利用することが社会や環境とどのように関わっているのかを社会的，環境的及び経済的側面から理解し，それぞれの利点や欠点を把握した上で適切に活用する方法を考える。

（5）他教科等との関連

　本単元の指導内容に関連して，本授業を学習した後の3年生の理科では，自然界における酸素や二酸化炭素の循環について，社会科の公民では，資源エネルギーの問題や地球環境問題で温暖化への対策などについて学習する。その際，本授業で学んだBDFの利用の技術に関して，生徒の実感を伴って，社会的，環境的及び経済的側面からその利用に関して考えることができるよ

うになることが期待される。

学習指導計画・評価計画（10時間）

時	主な学習活動	◇主な支援　◆主な評価
1	私たちはどのようなエネルギーを利用して生活をしているのだろう ○エネルギーを利用している機器を挙げる。 ・冷蔵庫は電気，料理に使うコンロはガス，車はガソリンをエネルギーとして利用している。など	◇再生可能エネルギーや枯渇エネルギーの違いを紹介する。 ◆電気だけでなく様々なエネルギーが利用されていることを指摘している。　知識・理解　《エネルギーの利用》
2・3	車などの交通機関の動力はなんだろう ○交通機関の動力と燃料をまとめる。 ・乗用車（ガソリンエンジン）トラック（ディーゼルエンジン），飛行機（ジェットエンジン）など ○車から排出される二酸化炭素を少なくする技術にはどのようなものがあるかを考える。 ・電気自動車，ハイブリッドカーなど	◇簡単なエンジンの仕組みとともに，最新技術（ハイブリッドカー，バイオ燃料など）の有用性に着目させる。 ◇バイオ燃料に替えることで，今あるエンジンでも二酸化炭素の排出を減らすことができることに気付かせる。 ◆環境に良いとされている車に関する技術を理解している。　知識・理解　《エネルギーの利用》
4	生物育成の技術と私たちの生活との関わりを考えよう ○生物育成の技術にはどんなものがあるかを考える。 ・食料生産，材料生産，燃料生産，環境調整を目的にしたもの ・栽培方法は，露地栽培，水耕栽培など	◇環境条件や栽培目的に応じて様々な栽培方法が取られていることを示す。 ◆生物育成の技術と私たちの生活との関わりを，例を挙げて説明している。　知識・理解
5・6	作物の生育条件と管理作業を知り，栽培計画を立てよう ○作物の生育条件と必要な管理作業はどのようなものがあるかを挙げる。 ・土作り，元肥と追肥，間引き，潅水，除草など ○ゴマを育ててバイオ燃料を作るための栽培計画を立案する。	◇肥料の三要素が作物に与える影響を示す。 ◆ゴマの各成長段階における管理作業，及びそれに必要な材料，用具などについて理解している。　知識・理解 ◇ゴマの栽培計画を立案する。　工夫・創造 ◆安全に配慮して栽培方法を検討したり，新しい発想を生み出したりしようとしている。　態度
7	生育状況を踏まえて，適切な管理作業を行おう ○適切な管理作業を行う。 ○生育状況を観察し，問題点があれば，それを解決するための方法を考える。	◇日常的に適切な管理作業を行わせ，成長の様子と作業内容・作業時間を記録させる。 ◆計画に基づき，適切な用具を用いて，合理的な管理作業ができる。　技能 ◆成長の変化を捉え，育成する生物に応じて適切に対応している。　工夫・創造
8・9	ゴマを収穫しバイオディーゼル燃料を作ろう ○ゴマの種の収穫，脱穀，搾油を行う。 ・脱穀した種をすり潰し電子レンジで加熱，その後，万力で挟んで搾油 ・教員によるBDF化	◇ゴマの種の重さと搾油したゴマ油の体積を記録させる。 ◇完成したバイオディーゼル（BDF）の体積を記録させる。 ◆ゴマ油を搾油できる。　技能 ◆搾油やBDFの作り方を理解している。　知識・理解
10 本時	軽油とBDFのどちらの燃料を使うべきだろう ○2台のディーゼルエンジンに軽油とBDFを入れ排気ガスの色などを比較する。 ・軽油の黒い排気ガス ・BDFの白っぽい排気ガス ○（軽油は1L100円程度だが）自分で作ったBDFはいくらになるのか計算する。 ・BDFは，1L約4万円 ○BDFの単価を下げる方法を考えよう ・脱粒を防ぐ，軽油と混入 ・作りすぎて安くなってしまう作物の代わりにゴマを育成する。など	◇比較の視点として，環境に対する影響を考えさせるためにあらかじめ表を作り記入させるようにする。 ◇自分たちが作ったBDFの単価を計算させる。 ◆エネルギー変換に関する技術について，社会的，環境的及び経済的側面から検討し，より良い方法を考え出そうとしている。　工夫・創造　態度 《エネルギーの利用》〈批判〉

学習活動の実際（10/10時間）

（1）本時の目標

　自分たちで作ったバイオディーゼル燃料（BDF）でエンジンを動かす体験を通して，生物育成に関する技術を活用することがエネルギー問題を解決するための有効な方策であることを認識し，生物育成に関する技術と環境との関わりを考慮し，より良い解決を目指して技術を評価し活用することができる。

（2）本時の展開

主な学習活動	◇主な支援　◆主な評価
○自分たちで作ったBDFで本物のエンジンが動くか確かめる。 ・エンジンが動いたので，ゴマからBDFを作ることに成功した。 ○軽油で動いているエンジンと排気ガスを比較する。 ・軽油の排気ガスの色は黒 ・BDFの排気ガスの色は白	◇農業用のディーゼルエンジンを2機用意し，それぞれBDFと軽油を入れて準備する。  【BDFで動くエンジンを観察する】
軽油とBDFのどちらの燃料を使うべきだろう	
・軽油は，環境に悪そうだけど，BDFなら良さそうだ。 ・軽油は，石油からできているから使えば無くなるけど，BDFは植物だから育てればよい。 ・植物はCO_2を空気中から吸収して成長した。だからエンジンで燃えても，吸収したCO_2が再び空気中に戻るだけなので，全体としてCO_2は増えていないから地球温暖化防止になる。 ○BDFの単価はいくらになるのか計算する。 ・軽油の単価は100円/Lだが，自分たちで作ったバイオディーゼルは4万円/Lだった。 ・軽油よりも非常に高い値段になってしまった。 ○BDFの単価を下げる方法を考える。 ・作りすぎて安くなってしまう作物（米など）の代わりにゴマを育てる。 ・油が取れるほかの作物（菜種など）も育てる。（菜種など） ・種の収穫方法を工夫し，たくさん収穫できるようにする。 ・各家庭にゴマの種を分けて，栽培してもらい種子を回収する。など	◇軽油の排気ガスが教室に充満しないように換気をよくしておく。 ◇軽油を使いたいという生徒が出ても，根拠を基に説明できれば尊重する。 ◇ゴマの種子，肥料，土などは，同じ金額で計算できるが，個人が作業を行った労働時間は様々なので，単価は個人で違うことに気付かせる。 ◇ワークシートに個人の考えを書かせ，その後，小集団で意見を出し合うようにさせ，その意見も記入させる。 ◆BDFの単価を下げるための方法を社会的，環境的及び経済的側面から検討し，よりよい方法を考え出そうとしている。 　　　　　　　　　　　　　 工夫・創造 態度 〔発言分析，記述分析〕

(3) 本時の実際

自分で育てた作物からBDFを作り,化石燃料と比較する

生物育成の授業では,生物を育て食料とすることを目的とした授業が多いが,生物はそれを燃料として利用してきた歴史がある。現在では,再生可能なエネルギーとして注目が集まっている。そんな技術を生徒が自ら習得することにより,どこに利点がありどのような問題が起きているのか実感を伴って理解することができる。右の写真は,ゴマ油を搾油する最終工程の様子であるが,生徒が万力で圧力を加えると,わずかではあるがきれいな色をした油が出てくる。どの生徒も実際に油を作ることができることに感動し,もっとたくさんの油を絞り出そうと全力で万力に力を入れる姿が見られた。

【ゴマ油を万力で搾油する生徒】

また,右のワークシートは,「これから先,燃料を使うとしたらどちらの燃料を使うか」という発問をした際の生徒の考えを示したものである。BDFの使用を推進すべきとしたこの生徒の文からは,BDFを再生可能エネルギーであることを踏まえて活用しようとしていることが読み取れる。また,反対意見として,燃料にするにはたくさんの植物が必要になるので,取り尽くしてしまうのではないかと懸念が示され,お互いに意見を交わしていった。

【ワークシートの一部】

エネルギー問題を解決するために有効と考えられるBDFにも経済的な問題があることを認識し,それを解決するための方策を多面的に考察する

自分で育てたゴマから作ったBDFの価格を,材料費や労働時間等から計算すると約4万円/Lと非常に高価な燃料となり,生徒たちは,これでは実際の自動車等では使用できないことに気付いた。そこで,環境に負荷がかからないといった長所を生かしつつ,経済的な欠点をどのように解決したらよいかについて考え,上のワークシートの用意まとめていった。このような栽培方法の変更やバイオマス燃料と化石燃料とを混合させるといった技術的なアイディアとともに,新たな解決策を考える中で,食料生産と競合してしまうことを心配するといった,更に配慮すべき視点を持つなど,生徒の考えは広がりを見せていった。

【「価格を安くするための方法を考えよう」ワークシート】

本事例の活用に当たっての留意点

一般的には菜種からBDFを作っているが,菜種の場合,育てるためには年度をまたぐことや,種が硬いことから,搾油するためにすり潰す作業が難しいことなどの問題点があるため,この授業ではゴマから油を搾油した。また,BDFが少量しかとれなかった場合は,排気量の小さな模型用のディーゼルエンジンを使用するといったことで対応できる。なお,収穫したゴマから搾油までは生徒に作業をさせてもよいが,薬品を扱うゴマ油のBDF化の行程は教員が行うなどして,安全には十分配慮することが必要である。

事例6

《技術・家庭（家庭分野）》　第1学年　「私のエコライフを考えよう」

本事例の概要

(1) ねらい

　自分や家族の身近な消費行動を振り返り，消費生活と環境との関わりについて理解と関心を深めるとともに，これからの生活を展望して自分や家族の生活を見直し，環境に配慮した消費生活について課題を見付け，その解決を目指して生活をより良くしようとする能力と態度を育てる。

(2) 題材の概要

　本題材は，学習指導要領技術・家庭　家庭分野　内容「D身近な消費生活と環境」の(2)ア「環境に配慮した消費生活の工夫と実践」の事例である。

　題材の展開に当たって，第1時では，食品購入の具体的な場面を通して，価格や品質，産地などの情報を収集・整理し，どのように判断して食品を選択したのか，その理由を話し合う。その際，自分の判断が環境に与える影響について考え，消費生活と環境との関わりに関心を持たせるとともに，目指したい消費者の姿を明確にできるようにする。第2・3時では，モデル家族の生活を「もったいない」の視点で見つめ，水，ガス，電気，ごみなどに関する問題点や解決方法について話し合う。また，自分や家族の消費行動を振り返り，「エコチャレンジ」の計画を立て，家庭で実践に取り組む。第4・5時では，「エコチャレンジ」を継続し，「エコライフ」にするための計画（エコプラン）を考え，家庭でのより良い実践につなげるようにしている。

　また，3学年間を通して「もったいない」の意識がつながるように，本題材を第1学年のガイダンスに続けて位置付けるとともに，内容「B食生活と自立」や「C衣生活・住生活と自立」との関連を図った題材を設定し，その配列を次ページ＜資料1＞のように工夫した。このような学習を積み重ねることによって，環境に配慮しながら自分や家族の生活を積極的に工夫し，改善しようとする実践的な態度を育てる。

(3) 身に付けさせたい能力や態度

○問題を捉え，その解決の構想を立てる能力〈構想〉

　自分や家族の身近な消費行動を振り返って課題を見付け，他の生徒と意見交換をしながら課題解決に取り組む。

○自ら進んで環境の保護・保全に参画しようとする態度〈参画〉

　家庭での実践に主体的に取り組み，環境に配慮した生活を実践・継続しようとする意識を高める。

(4) 環境を捉える視点

○生活様式の見直し

　自分や家族の身近な消費行動を振り返り，環境に配慮した消費生活について工夫し，実践する。

(5) 他教科等との関連

　本題材の指導内容は，小学校家庭「D身近な消費生活と環境」の(2)ア「環境に配慮した消費生活」と関連している。環境にできるだけ負担を掛けないような物の使い方の工夫や3R（リデュース・リユース・リサイクル）などの小学校の学習を踏まえて，自分や家族の生活と結び付けて考え，主体的に生活の改善に取り組めるようにする。

　また，学習指導要領社会　地理的分野(1)イ「世界各地の人々の生活と環境」の学習を踏まえ，自然環境と生活との関係に関心を持たせ，環境に配慮した生活様式の見直しができるように配慮することも考えられる。

学習指導計画・評価計画（5時間）

時	主な学習活動	◇主な支援　◆主な評価
1	**私の消費行動を見直そう** ○食品（きゅうり）を購入する時，何を基準に「良い商品」と判断しているかを話し合う。 ○フードマイレージ，食品ロス等の資料から，消費者の選択が環境に与える影響について考える。 ○今後，商品選択・購入の場面でどのように考え，購入すれば良いかを考え，発表する。	◇自分や家族の消費生活が身近な環境に与える影響について考えさせる。 ◇資料を提示し，食品を選ぶ判断の仕方によって環境に与える影響が異なることに気付かせる。 ◆自分や家族の消費生活が環境に与える影響について関心を持ち，消費生活の在り方を改善しようとしている。 　　　　　　　　　関心・意欲・態度《生活様式の見直し》
2・3	**もったいないを見付けよう** ○モデル家族の生活場面の絵から「もったいない」を見付け，自分や家族の生活の仕方が身近な環境に与える影響について話し合う。 ○自分や家族の生活を振り返り，問題点を見付け，家庭で取り組む「エコチャレンジ」の計画を立てる。 ○グループ内で発表し合い，アドバイスを交換し合う。 ○アドバイスを基に計画の改善策を考え，発表する。	◇ 水 電気 ごみ 買物 に関する問題点に着目させる。 ◇生活の仕方が環境に与える影響について資料を提示する。 ◆自分や家族の消費行動が環境に与える影響を理解し，環境に配慮した消費生活に関する知識を身に付けている。 　　　　　　　　　　　　　　　　　　知識・理解 ◇チャレンジテーマ（節水，節電等）を設定させ，生活場面を明確にして，具体的にどのように行動するのかを考えることができるようにする。 ◆自分や家族の生活を点検し，環境に配慮した消費生活を目指して「エコチャレンジ」の計画について考えたり，工夫したりしている。　　　　　　工夫・創造〈構想〉 ◇改善策を確認し，2週間の家庭実践への意欲を高める。
4・5 本時	**我が家の「エコプラン」を考えよう** ○「エコチャレンジ」の結果を発表し，自分や家族の生活について振り返る。 ○「エコチャレンジ」をバージョンアップする工夫を考え，我が家の「エコプラン」の計画を立てる。 ○グループで各自の「エコプラン」を発表し合い，アドバイスを交換して見直しを行う。	◇チャレンジを通しての気付きや，自分や家族の生活の変化についてグループで話し合わせる。 ◇各自の「エコプラン」に5R（5R＝3R＋リフューズ，リペア）の視点がどのように取り入れられているかについて話し合わせ，自分や家族のエコライフにつながっているかを考えさせる。 ◆「エコチャレンジ」を振り返り，我が家の「エコライフ」のための計画（エコプラン）について考えたり，工夫したりしている。　　　工夫・創造《生活様式の見直し》 ◆自分や家族の消費生活やそれが環境に与える影響について関心を持ち，家庭実践に取り組もうとしている。 　　　　　　　　　　　　　　関心・意欲・態度〈参画〉

＜資料1＞　内容D(2)アとの関連を図った題材

	A(1)	D(2)ア	D(1)ア, イ	C(1)イ D(2)ア
1学年	ガイダンス （2時間）	私のエコライフを考えよう （5時間）	自立した　消費者になろう （4時間）	私のエコライフ 〜衣生活編〜 （3時間）
2学年	B(1)ア	B(3)ア, D(2)ア		
	見直そう 私の食生活 （2時間）	私のエコライフ 〜食生活編〜 （4時間）		

〈内容D(2)アとの関連を図った題材〉

※第1学年　私のエコライフを考えよう　5時間扱い

1次　私の消費行動を見直そう　2次　もったいないを見付けよう　3次　我が家のエコライフを考えよう

※第1学年　私のエコライフ〜衣生活編〜　3時間扱い

1次　衣服の計画的な活用と選択　2次　環境に配慮した衣生活

※第2学年　私のエコライフ〜食生活編〜　4時間扱い　1次　安全で衛生的な調理室の使い方

2次　野菜の切り方と過熱の工夫　3次　豚汁の調理　4次　私の食生活　プラス　エコ

【エコチャレンジの結果を発表し合う生徒】

学習活動の実際（4，5/5時間）

(1) 本時の目標
「エコチャレンジ」を振り返り，我が家の「エコライフ」について考え，計画（エコプラン）を工夫して，家庭での実践に取り組もうとする。

(2) 本時の展開

主な学習活動	◇主な支援　◆主な評価
○「エコチャレンジ」の結果をグループで発表し合い，自分や家族の生活について振り返る。 ・節水・節電・ごみの減量・買物の工夫など 　（生徒の発表したチャレンジテーマ）	◇「エコチャレンジ」のテーマごとにグループを編成し，意見交換ができるようにする。 ◇「エコチャレンジ」を通して気付いたこと，自分や家族の生活が変化したことについてグループで話し合わせる。 ◇「エコチャレンジ」がうまくできた理由やできなかった理由について考えさせる。
我が家の「エコプラン」を考えよう	
○「エコチャレンジ」を「エコライフ」にするための計画（エコプラン）を考える。 ・「エコチャレンジ」の体験を生かした課題の発見 ・5Rの視点を生かした課題を解決する方法の考案と，ワークシートへの記入	◇「エコチャレンジ」を継続的な取組とするために自分や家族の生活を振り返らせる。 ◇江戸時代の生活やドイツの消費生活の事例から，3Rに「リフューズ・リペア」を加えた5Rを提示する。 ◇思考の変化が分かるようワークシートを工夫し，計画（エコプラン）をまとめることができるようにする。
○グループで各自の「エコプラン」を発表し合い，アドバイスを交換して計画を見直す。 ・計画の 継続性 の視点からのアドバイスの交換 ・アドバイスを基にした計画の改善  【計画を改善している生徒】	◇各自の「エコプラン」に5Rの視点がどのように取り入れられているかについて話し合わせ，自分や家族のエコライフにつながっているかを考えさせる。 ◇アドバイスを基に考えた工夫は朱書きで記入させ，改善点を明確にできるようにする。 ◆「エコチャレンジ」を振り返り，我が家の「エコライフ」のための計画（エコプラン）について考えたり，工夫したりしている。 工夫・創造 〔発表・ワークシート〕《生活様式の見直し》
○「エコプラン」の実践に向けて，自分の行動目標を考え，発表する。 ・「もったいない」と思うだけでなく，行動できるようになること ・考えるだけでなく，自分から情報を発信して，家族だけでなく，地域にも呼び掛けられるようにすること	◇消費者の行動が企業の商品開発に影響を及ぼした例や小さな行動の積み重ねが環境の改善に寄与した資料を提示し，継続した取組への意欲が高まるようにする。 ◆自分や家族の消費生活やそれが環境に与える影響について関心を持ち家庭実践に取り組もうとしている。 関心・意欲・態度 〔発表・ワークシート〕〈参画〉
○本時の振り返りを行う。	◇本時の授業を振り返らせ，我が家のエコプラン実践への意欲を喚起する。

(3) 本時の実際

「エコチャレンジ」の振り返りから課題を見付ける

　生徒は，「省エネ」や「ごみの減量」などの課題を持って「エコチャレンジ」に取り組んできた。本時の導入はその結果の報告の場である。「省エネのために使用しない家電コンセントを抜く」という課題に対して，切り替えスイッチ付きのテーブルタップを使用する工夫を考え取り組んだところ，無理なく続けられたという成功例が発表され，「早速家でやってみたい」などの感想が話し合われていた。また，「ごみの減量のために分別してリサイクルする」という課題に対して，リサイクルはできたが，家庭から出したごみの総重量は以前と変わらなかったという発表を受け，グループ内で「それは本当に環境に配慮した取組になっていたのか」と，計画の改善の必要性を話し合う様子も見られた。

「エコチャレンジ」を継続するための我が家の「エコプラン」を考える

　「ごみの減量のために分別してリサイクルする」という課題に取り組んだ生徒は，「エコチャレンジ」を振り返り，ごみの中にペットボトルが多かったことに気付き，小学校での工作の体験から５Ｒのリユース（再利用）の視点を用いて「別な用途の入れ物に作り替える」という改善策を考えた。しかし，アドバイス交換で「すべてのペットボトルを再利用することは難しい」との意見から，次に，リフューズ（持ち込まない）の視点を用いて「家から水筒を持参し，ペットボトルの購入を控え，ごみを減らす」という「エコプラン」を考えることができた。買うことを前提とした改善策から，買わない方法を選んで実践することのよさに気付き，エコプランを改善する例となった。

　また，「着用しないたくさんの衣服を整理する」という課題に取り組んだ生徒が，リフューズ（持ち込まない）の視点を用いて，「必要かどうか考えてから買う」という改善策を考えていたが，アドバイスを生かし，リペア（修理する・使い切る）の視点を用いて「衣類の手入れや補修の技能を磨き，長く大切に着用する」という「エコプラン」を考え，発表することができた。

　「エコチャレンジ」を５Ｒの視点から見直し，グループごとに話し合わせたことにより，実際に実践できないような改善策を書いていた生徒も，継続できる「エコプラン」に改善することができた。

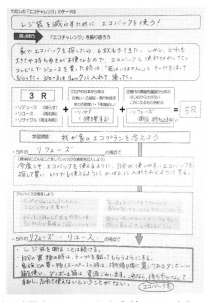

【ごみ減量をテーマにした生徒のワークシート】

本事例の活用に当たっての留意点

　環境に配慮しながら自分や家族の生活を積極的に工夫し，改善できるようにするためには，生徒に実践する主体としての自覚を持たせることが重要である。そのため，モデル家族の生活場面の絵などの資料を提示し，普段の生活の仕方について話し合わせ，自分や家族の生活の仕方が，環境に負荷を与えていることに気付かせ，自分の課題が持てるようにする。また，「エコチャレンジ」の発表会を通して，互いの工夫を学び合ったり，継続するために必要なことを話し合ったりすることが大切である。

　さらに，「Ｂ食生活と自立」「Ｃ衣生活・住生活と自立」と関連を図り，家庭と連携して「エコプラン」の立案，実践，振り返りを繰り返し行うことが大切である。

事例7

《道徳》 第3学年「コウノトリの郷」

本事例の概要

(1) ねらい

　農業は人間の「いのち」を支える仕事だと考え，環境にやさしい農業の在り方を地域の人と模索する「稲葉さん」の姿を通して，自然環境を大切にし，進んで自然愛護に努めようとする道徳的実践意欲と態度を育てる。

(2) 題材の概要

①内容項目について

　自然環境を大切にするということは，自然の中で生かされている人間が，自然に対して謙虚に向き合うことの大切さを理解することである。進んで自然愛護に努めるということは，人の手が加わっていない自然をむやみに破壊したりせず，可能な限り維持，保全しようとする意識が高まることにより，自ら様々な環境を保全する活動に参加したり，参加ができない場合にも，その考え方に共感し，自分のできる範囲で貢献しようとしたりする態度を育むことである。

②資料について（資料「コウノトリの郷」　兵庫県道徳副読本中学校「心かがやく」）

　久しぶりに豊岡に戻った「稲葉さん」は，故郷の田んぼで白い腹を見せて死んでいるカエルを見て，農業のやり方を変える必要性を痛感する。折りしも地元が絶滅したコウノトリをよみがえらせるための「コウノトリ郷公園」建設候補地となったことで，「稲葉さん」たちは，環境にやさしい農業に向けた研究を始め，コウノトリとともに暮らせる環境をつくることは，自然に対して謙虚に向き合うことになると考え活動を進める。悩み苦しみながらも環境保全に努める「稲葉さん」の姿から自然の愛護について考えを深めることができる資料である。

(3) 身に付けさせたい能力や態度

○自ら進んで自然の保護・保全に参画しようとする態度〈参画〉

　自然環境と人間との関わりとの問題は，過去から現在までまさに直面しているものであり，未来にも予想されることである。自ら進んで自然の保護，保全に参画するには，まず，人間が自然の主となって開発し保護するのでなく，人間は自然の中で生かされていることに気付くことが大切である。そのことによって，自らの生活の中にある環境保全の活動に目を向け，活動に参加し，自分のできる範囲で貢献しようとする態度が育まれる。

(4) 環境を捉える視点

○自然や生命の尊重

　地球上の生物の生命誕生と仕組み，また数十億年に及ぶ進化の過程を知ることを通して，自他の生命を尊重し，自然への畏敬の念を育む。

○生態系の保全

　地球上の生物は，それらを取り巻く土壌，水，大気，太陽光などの非生物的環境との間の相互関係からなる自然の生態系を構築している。生態系の保全に寄与することを通して，自然と調和して生きようとする態度を育てる。

(5) 他教科等との関連

　理科では生態系の中で生物のつり合いと人間との関わりから，技術・家庭科の技術分野「C生物育成に関する技術」では，生物育成技術の課題から生物育成技術の在り方について自分なりの見通しを考えるなど，複数の教科で広く本時につながる環境に対する学習が行われている。

学習指導計画

環境教育に関わる各教科における道徳教育

理科
「自然界のつり合い」
食物連鎖、微生物の働き、物質の循環などを生態系という捉え方で理解し、そのつり合いと人間との関わりについて考える。

社会科
「地球環境問題」
様々な地球環境問題と地球温暖化のメカニズム、解決のための取組について、具体的な事例を通して理解し、解決に向けて日常生活の中で取り組めることを考える。

技術・家庭科（技術分野）
「生物育成に関する技術と私たち」
日本の米の収穫における収穫量とエネルギー投入について江戸時代と現在の違いから生物育成技術の課題を把握し、これからの生物育成技術の在り方について、自分なりの見通しを考える。

総合的な学習の時間
「環境保全の取組」
自然環境の保全に向けた世界的な取組を調査し、その成果と課題から自分たちができることは何かを考え、発表する。

特別活動
「地域のごみ問題」
地域のごみの状況について清掃活動を通して、実態を把握し、その改善に向けた具体的な取組について考える。

これらの環境教育に関わる学習を、道徳の授業で深める。

道徳科の計画

環境教育に最も関連の深い内容項目の学習計画

D 自然愛護
「コウノトリの郷」（心かがやく）
農業は人間の「いのち」を支える仕事だと考え、環境にやさしい農業の在り方を地域の人と模索する「稲葉さん」の姿を通して、自然環境を大切にし、進んで自然愛護に努めようとする道徳的実践意欲と態度を育てる。

関連する内容項目の学習計画

D 生命尊重
「キミばあちゃんの椿」
（私たちの道徳）
キミばあちゃんから広瀬淡窓の生き方を聞き変化した裕介を通して、かけがえのない自他の生命を尊重しようとする道徳的心情を養う。

D 生命尊重
「生命を考える」
（私たちの道徳）
生命を「偶然性」「有限性」「連続性」の観点から捉え、生命の意味について考え、生命を尊重する道徳的心情を培う。

学習活動の実際（1／1時間）

(1) 本時の目標

　配付資料を読み，故郷の田んぼで白い腹を見せるカエルを見て，道徳的に変化した「稲葉さん」の姿を通して，自然環境を大切にすることの意義を理解し，進んで自然の愛護に努めようとする道徳的実践意欲を育てる。

(2) 本時の展開

主な学習活動	◇主な支援　◆主な評価
○教材の概要について知る。 ○教材を読む ○カエルや魚が白い腹を見せて死んでいる様子を見て，稲葉さんは何を思っただろう。（稲葉さんの農業に対する問題意識について考える。） ・動物が死んでしまうのに，人間に良いはずがない。 ・このままの農業のやり方を続けるわけにはいかない。 ・効率を追い掛けた結果がこれなのだ。 ○飛び跳ねる田んぼのカエルを眺めて笑みをこぼす稲葉さんは何を思っただろう。（自然との共生を実感する稲葉さんの思いに共感する。） ・人と自然が共生できる。 ・環境にやさしい農業はできるのだ。 ・みんなで協力していくことが大切だ。	◇時間を掛けずに説明する。 ◇範読する。 ◇農業の近代化が，動物たちに悪影響をもたらし，ひいては人間にも悪影響を及ぼすという問題意識を稲葉さんが持ち始めたことを確認させる。 【補助発問】 ○なぜこのままの農業のやり方ではいけないのか。 ◇「コウノトリの郷公園」建設と環境にやさしい農業の勉強についての前の場面の状況を簡単に説明してから次の発問をする。 ◇苦労はあるが，自然と共生できることを実感している稲葉さんの気持ちを想像させる。 ◆人と自然が共生することの大切さを感じ考えることができる。 【補助発問】　　　　〈参画〉《生態系の保全》 ○環境にやさしいとはどんなことか。
コウノトリが戻ってきた風景を見つめながら，稲葉さんは何を思ったのだろう。	
・農業の在り方をもっと工夫していこう。 ・続けていくことが大切だ。 ・もっと自然を豊かにしていこう。 ・これからも故郷を大切にしていこう。 ・環境を良くしていくことは，人間が生き延びることでもあるのだ。 ・自然と共生できる農業を続けていこう。 ○感じたこと，考えたことを書く。	◇対話によってまた問い返して，生徒に深く考えさせる。 ◇環境を良くしていくことの意義についても補助発問を交えながら考えさせる。 【補助発問】 ○なぜ工夫していかねばならないのだろう。 ○環境を良くしていくことがなぜ大切なのか。 ○共生するとはどういうことだろう。 ◆稲葉さんが思っていたことを考えて発言できる。 ◆本時の学びを自己の生活に重ね合わせ，自然愛護について自分の考えや思いを書くことができる。 〈参画〉《自然や生命の尊重》

（3）本時の実際

中心発問に時間を掛け，考える道徳の授業を目指す

○本時では，配付資料の概要については，範読の後，簡潔に教員が説明した。
○発問に対しては，順番に指名して，50分の授業の中で全員に発言させた。
○この資料から自覚すべき道徳的価値については，多様な意見を出させるためにあえて 教員からは示さずに授業を進めた。
○中心発問に授業時間の半分近くを使い，多様な意見を出させた。
○自覚すべき道徳的価値を意図的に示していないので，最初は，資料中の言葉だけを用いて発言する生徒がいた。しかし，補助発問を交え，問い掛けていくことで，少しずつ考えが深まり，後の生徒ほど自分の言葉で答えるようになった。自分の言葉で答えるということは，自分との関わりにおいて主体的に考えている証であり，身近な問題として捉えていくきっかけとなる。
○発言内容も「環境を良くしていきたい」などの表面的なものから始まって，徐々に深まっていき，「環境を良くすることが人間も生き延びる道だ」という環境を大切にすることの意義を理解したような発言も出てきて，身近な環境に目を向けた生徒もいた。

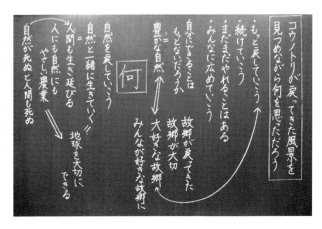

○「自分のできることで環境保全に努めていきたい」という実践につながる意欲を見せた生徒もいた。環境保全は大切であるということは，何となく分かっているが，実感としては理解できなかった生徒もいたが，環境保全の意義にまで考えが至る生徒も見受けられるようになった。

本事例活用に当たっての留意点

○**対話** 本時は，クラス全員が一度は発言できるように時間を配分しながらも，一人一人の生徒との対話を大切にした。
○**生徒の考えの受容** 集団で一つの意見にまとめるのではなく，多様な意見を出させ合いながら，深めていくことが大切である。どの場合でも，生徒の意見を教員が受容しながら授業を進めていくことが大切である。
○**問い返し** 多くの生徒が環境保全は大切であるとは分かっている。しかしながら，その意義についてまで考えに至る生徒は少ない。そこで，多様な意見を出させながらも，問い返すことで，環境保全の意義について考えさせることが授業の重要ポイントとなる。
○**補助発問の準備** 中心発問は主題への入り口であるので，生徒の反応を予想した上で，更に生徒の考えを引き出し，主題に迫るためには，教員がより良い補助発問を用意しておく必要がある。
○**他の内容項目との関連** 郷土愛に関する意見と環境に関する意見は別ではなく，つながりがあるということを，感じ取らせることも重要である。

事例 8

《総合的な学習の時間①》　第3学年「未来の日本と地球のために私たちができること」

本事例の概要

(1) ねらい

地球温暖化防止策として，CO_2の排出量削減のためのグローバルな取組から，持続可能な社会のイメージを持つとともに，地球人としての世代を乗り超えた倫理観を基にして考えることができるようにする。また，持続可能な社会づくりの視点で社会の在り方や自らの生き方を見直し，今の自分たちができることを考え，実践していこうとする態度を育む。

(2) 単元の概要

本単元は，愛知県岡崎市が作成する「岡崎市環境学習プログラム」に基づき，小・中学校が連携して行う環境学習として設定している。そこでは，学ぶべき環境は，自然環境はもとより，社会環境，そして持続可能な社会づくりのための環境（ESD）の三つに分け，さらにこれらの学習分野を児童生徒の発達の段階を考慮に入れて右図の四つの学習領域に分け，探究的な学習を構想している（C：問題を「キャッチ」する，A：「アクション」を起こす，R：「リフレクション」で振り返る）。

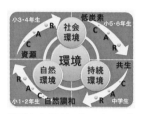
【岡崎市環境プログラム】

中学校1学年では，「生き物と人間の共生を考える」が学習内容で，近年地域で報告されている「獣害」に焦点化し，共生社会の在り方について考える単元を設定した。2,3学年では，環境家計簿に取り組み，エコ活動を実施する中でエネルギーの在り方を考えたり，持続可能な社会をイメージして自分の生き方を考えたりする活動を実践している。生徒は，エコ活動についての体験の後，CSR（企業の社会的責任）等の社会の取組を学ぶという流れになっており，未来世代との公平性や責任性を視点とする探究的な学習が展開される。3学年の本単元では，討論や体験活動を効果的に取り入れ，環境問題に興味・関心を高め，課題を追究する生徒の実現を目指して展開する。

(3) 身に付けさせたい能力や態度

○批判的に考え，改善する能力〈批判〉

地球温暖化防止に関する様々な情報や考えについて妥当性や信頼性を十分に吟味し，本質を追究する姿勢を持つことができるようにする。

○自ら進んで環境の保護・保全に参画しようとする態度〈参画〉

持続可能な社会に向けて，議論や活動に主体的に参加し，地球人としてグローバルな視点で判断し，実践を行おうとする態度を培う。

(4) 環境を捉える視点

○エネルギーの利用

全国地球温暖化防止活動推進センター（JCCCA）等の資料や身近なエコ体験を通して，エネルギーの利用について追究する。

○共生社会の実現

未来世代の人々との公平感や平等感を視点にして，共生社会の実現を目指した取組を意識する。

(5) 他教科等との関連

学習指導要領社会科公民的分野の「私たちと現代社会」の内容と関連して環境年表を作成し，地球温暖化が進む過程やその原因について理解を深めることで，問題意識を高める。また，道徳の時間で，「セヴァン・スズキ　リオの伝説のスピーチ」を学ぶことで，地球規模の環境問題に対して

行動化の意欲を高め，持続可能な社会づくりに向けて実際に行動を起こそうという意識を喚起する。

学習指導計画・評価計画（12時間）

時	主な学習活動	◇主な支援　◆主な評価
1・2	**環境年表を作り，環境の変化について発表しよう** ○各家庭にある古い写真（電化製品や生活の様子が分かるもの）を持ち寄り，環境年表を作成する。 【年表に記入する事柄】　公害対策基本法，地球サミット，カラーテレビ登場，京都議定書，ＣＯＰ10，コンビニ第1号　など ○グループごとにまとめて，発表会を行う。	◇身近な生活の変化を基に，日本の発展に伴う環境の変化について調査する活動を設定させる。 ◇社会科「現代社会の歩み」「大量消費社会の出現」の年表を参考にして，地球温暖化の進行を学習させる。 ◆社会の発展に伴い，エネルギー消費量やCO₂排出量が増えてきたことに気付かせる。　知識・理解
3〜5	**低炭素社会の実現に向けて，どんな取組ができるだろうか** ○エコチャレンジシートで自分の生活を見直す。 ・2学年で行った「環境家計簿」との関連を図る。 ○国別CO₂排出量の資料から分かることを読み取る。 ・日本は6位（一人当たりでは多い） ・アメリカと中国が多い。 ○地球温暖化防止に向けた日本政府等の取組を知る。 ○京都議定書について考える。 ①アメリカや中国が批准しないことをどう思うか。 ②CO₂排出量取引に賛成か反対か。 ③京都議定書の目標数値（チームマイナス6%）は実現可能か。	◇エコ生活に10日間取り組み，シートにまとめさせる。 ◇「持てるかな？エネルギーのかばん」の活動から，人間が毎日大量のエネルギーを消費している事実に気付かせる。　《エネルギーの利用》 ◇国別のCO₂排出量の違いに注目させる。 ◆先進国のCO₂排出量を問題として捉えさせる。　思考・表現 ◇資料「1日1kgCO₂ダイエット」を提示し，6%削減する方法を考え，計画を立てさせる。 ◆チームマイナス6%に対する自分なりの行動の見通しを持とうとしている。　意欲・行動
6〜8	**低炭素社会の実現に向けた様々な取組を考えよう** ○低炭素社会実現カードを使って話し合う。 【カードのテーマ】モルディブの環境税，エコポイント，カーボンオフセット，省エネ住宅　など ○世界に向けて発信している取組を知る。 ・環境に関する出来事年表の確認 ・地球環境サミットでの少女のスピーチ読解	◇低炭素社会実現カードのうち，興味を持ったテーマについて，調べ学習を行わせる。 ◆自分たちが作成したカードを使ってグループごとに話し合いをしている。　思考・表現〈批判〉 ◇道徳「セヴァン・スズキ　リオの伝説スピーチ」の内容を聞いて，行動化の意欲を高めさせる。
9・10	**持続可能な社会をつくるために，私たちのあるべき姿について考えよう** ○自分の生活，環境家計簿の見直しをする。 ・3年生になっての実践　・家計簿の結果と比較 ・環境家計簿に対する提言（グループ発表） ○CO₂排出量を25%削減するため（チャレンジ25）のエコアイデアを考える。	◇これまでの生活を振り返らせる。 ◇企業や自治体に働き掛けるような活動を取り上げ，実現の可能性について話し合う場を設定する。 ◆チームマイナス6%やチャレンジ25の実現について問題意識を高めている。　関心・意欲〈参画〉
11 本時	**最終討論！人類は2100年を迎えることができるか** ○未来の視点で環境問題を考える。 ・エネルギーや地球温暖化という解決困難な課題 ・身近なエコ活動と世界的な対応策による取組	◇持続可能な社会をイメージし，各自の責任や役割について考え，行動の意欲を高める場面を設ける。　《共生社会の実現》
12	○「わたしのエコ宣言」をする。	◇「人間と自然」「現在と未来」を関連付けている発言を取り出し，視点を「持続可能な社会」に向けさせる。 ◆持続可能な社会を実現するために，自分に何ができるのかを考えている。　思考・表現〈参画〉

学習活動の実際（11/12 時間）

(1) 本時の目標
地球の環境変化に対する問題意識を高め，持続可能な社会の実現に向けて，世代を超えた倫理観を大切にして行動したり，自分の生活を見直したりすることができる。

(2) 本時の展開

主な学習活動	◇主な支援　◆主な評価
○ 前時までの学習を想起する。 ○ 環境問題の現状や今後の見通しについて，各自で調査したことをもとにして討論を行う。 　　生徒が調査した地球環境の変化 　　○地球温暖化　○酸性雨　○オゾン層の破壊 　　○大気汚染　○水質汚濁　○水,食料,エネルギー 大丈夫派 ・環境サミットなど，世界が環境問題の解消に取り組んでいる ・今後，いろいろな高度な技術が開発されていくと思う ・みんながエコ活動をすれば大丈夫 危ない派 ・世界がCO2削減に取り組んでいてもその排出量は増えている ・平均気温は確実に上昇している ・発展途上国では，化石燃料を使用せざるを得ない どちらとも言えない派 ・今のままでは危ないが，今後さらに世界が努力していくと思う ・いろんな技術が開発されても，その分，新たな問題も増えそう ・100年後や先の危険を考えないといけない ・その先の世代のことまで考えていかないといけない ○ 未来の地球のために，今後どうしていくと良いか考える。 　・自分の現在の生活様式の見直し 　・共生社会実現のための協働的な取組 　・社会の変化のためのメッセージの発信 ○ 「振り返りシート」に記入して，本時の自己評価や学習のまとめを行う。	◇これまで行ってきたエコの取組や「ＣＳＲの学習」，「東北地方の中学校とのエコ活動の話合い活動」などから，多面的，総合的に判断するように伝える。 ◇生徒に事実を批判的に捉える視点を大切にして判断するように指示する。 ◇地球温暖化による悪影響はいくつか考えられるため，整理して板書を示す。  【自分の意見を発表しようとしている生徒】 ◇「自分たちの生活様式についての意見」と「共生社会の実現のための意見」を視点として，話合いを進めさせる。 ◇持続可能な社会づくりをイメージし，責任性について考えさせ，行動の意欲を高める場面を設ける。 ◇「人間と自然」「現在と未来」を関連付けている発言から，視点を持続可能な社会に向けさせる。 ◆未来を見通し，環境に関する具体的な行動を記述している。　思考・判断　〔記述分析〕 　　　　　　　　　　　　　　《共生社会の実現》

（3）本時の実際

> 地球の変化について話し合うことで，未来世代の人々との公平感や平等感を持つ

　本時では，調査した環境問題について発表し，地球規模で悪化している様々な問題を知る中で，未来の地球環境について話し合っていった。事前の調査では学習課題に対して，多くの生徒は「10年，20年後には危ない」と「永遠に大丈夫」の中間で，「自分達は，まだ大丈夫だろう」という意識の者がほとんどであった。話合いが進む中で教員は「環境破壊で被害を受ける人々の存在」に意識が向くように問い掛けてみたところ，「未来の人たちには責任がないのに，何だか無理やり環境問題を押し付けているようで良くない」「その先の世代のことまで考えていかないといけないと思う」というように，未来世代を意識した発言が出るようになった。生徒たちは，未来の世代と現代の自分たちとの公平感や平等性を視点にして考えることを確認し，次の活動を展開していった。

> 未来の視点で考えることで，行動の意欲を高める

　本時の後半は，「自分たちには何ができるか」という視点で話し合った。生徒Aは，これまでの体験活動を振り返り，エコ活動の意味を見いだすことができた。また，生徒Bは，自分だけではなく，大人や周りの人に訴えていくことが必要だと考えるようになった。このように生徒たちは，世代を超えた倫理観を基軸として考えることができるようになった。

> ・今の私たちの快適な生活によって，未来の地球が危なくなるなら，今まで以上にエコを心掛けていきたい。
> 　　　　　　　　　　　　　　　　　　　　　　　　　　　　　　　　　　　　　（生徒A）
> ・将来，環境の悪化を防ぐことにつながる仕事に就いたり，新たな開発をしたりする。
> ・私たちが生きていることで，未来の人たちを不幸にするかもしれないと考えるようになった。でも，自分だけではだめなので，周りの大人に訴えるようにしたい。こういう学習をしている子供たちがいることを知ってもらいたい。
> 　　　　　　　　　　　　　　　　　　　　　　　　　　　　　　　　　　　　　（生徒B）

　次時では，これまでの環境学習を総括して，「私のエコ宣言」を作成し，発信することを予告した。生徒たちは，具体的な行動を定めたり，大人になっても環境家計簿やエコチャレンジシートの取組を続けたりしたいと発言したが，それらの意見からは「持続性」「協働性」というキーワードの確かな理解を感じ取ることができた。

本事例の活用に当たっての留意点

　環境学習で探究的な学習を構想するに当たっては，授業者の柔軟な発想と，生徒の思考に合わせた単元構成が大切である。その場合，教員はコーディネーターとして教科横断的な単元を構想すると良いことが実践を通して明らかになってきた。さらに，生徒の探究を支援する立場として，授業者が目の前の生徒たちの意欲や思考の流れに寄り添い，ファシリテーターとして学習をリードすることが大切であることも浮かび上がってきた。例えば，本時のように，教員が「いつ，誰が危険なのか考えよう」と問い返すことで，生徒は未来の視点で考えるようになっていった。また，第7時でエコ活動の必要性について討論している際も，節電生活が可能かどうかで対立している生徒たちに，教員は「安定した電力供給が確認されたことで，この夏の節電指示が解除されるというニュース」を提示した。すると，生徒は「自分たちの意志で続けるべきだ」「逆にやらなくてはと思うようになった」という発言をした。このように，授業者が，関わり合いの場面で生徒たちの思考や思いに対して積極的に働き掛けようと，資料を提示したり，別の考え方を提示したりすることで，生徒たちは，一層考えを深めることが確認できた。そのような教員の授業構成と授業運営の工夫が，環境学習の学びの深さと生徒たちの生き方に対する考えの広がりを決める重要な要素だと感じた。

事例9

《総合的な学習の時間②》　第2学年「嵯峨嵐山をフィールドに環境について学び，行動する」

本事例の概要

(1) ねらい

　嵐山の生態系を守るための対策や事業について学ぶフィールドワークを行い，地域の人や専門家から話を聞き取ることを通して，身近な環境に興味・関心を持つとともに，環境保全のために今自分ができることを考え，自ら地域の活動に関わろうとする態度を培う。

(2) 単元の概要

　本単元は，総合的な学習の時間の目標「問題の解決や探究活動に主体的，創造的，協同的に取り組む態度を育てること」を強く意識した実践例である。

　ここでは，身近な環境の問題について，実際に自分の目で見て確かめる活動を通して自然環境に興味・関心を持ち，環境保全に必要な手立てや課題を知ることや，また，自分たちだけでは解決できない課題に出合ったとき，より良く問題を解決するために地域や専門家の協力を得るなど，他者と協同（協働）して意欲的に活動する態度の育成を目指している。

　単元の展開に当たっては，まず観光名所である嵐山の自然環境が実は危機に瀕しているという話を聞いて身近な環境への関心を高めるようにした。そして，地域の人や専門家からの解説を聞きながら自分の足で山を歩くことにより，現状を目の当たりにし，生態系を保全するためには，自然と人が共生できる社会をつくる必要があるということを学ぶフィールドワークを実施した。さらに，フィールドワークを通して学んだことからグループごとに追究する課題を設定し，まとめたものを学年全体の報告会で共有した。

　身近な生態系への興味・関心を喚起するためにフィールドワークという体験活動，地域の人や専門家などの学校外の他者との出会いを意図的に設定した。主体的に社会に関わる体験活動等の生徒の直接体験を重視し，また，学んだことを深め報告・共有する場を設定することに主眼を置いた。

(3) 身に付けさせたい能力や態度

○環境に興味・関心を持ち，自ら関わろうとする態度〈関心〉

　フィールドワークを通して身近な環境に興味・関心を持ち，地域の人や専門家と共に環境に関わりながら，自然の中に生きる一員として環境保全のために何をすべきかを考えようとする。

(4) 環境を捉える視点

○生態系の保全

　我々が豊かな自然の恵みを享受するためには，そこに生きる生物と環境との相互関係からなる生態系の保全が欠かせないことから積極的に自然や環境問題の解決に関わる中で，生態系の保全に寄与し，自然と調和して生きようとする視点を重視する。

(5) 他教科等との関連

　本校では，各教科等における環境教育に関連のある単元を，京都市策定の「環境教育スタンダード・ガイドライン」に即して実施している。本単元の指導内容は，社会 歴史的分野「近世の日本」のうち，幕府のはげ山対策　都市に住む人々のリサイクルに関連付け，人が自然と調和して生きてきた歴史の学習を深めている。また，理科 第2分野「気象とその変化」「自然と人間」に関わり，自然と人間の関わり方についての興味・関心を高めることを意図している。さらに，本単元の学習後に実施される地域でのヤマザクラの植樹活動への参加は，生徒たちの社会的な活動に積極的に参画する態度を養うために，特別活動 生徒会活動「ボランティア活動などの社会参加」として位置付けている。

学習指導計画・評価計画（8時間）

　本校の総合的な学習の時間では，地域をフィールドにした課題解決学習を展開している。環境をテーマとした学習では3学年縦割りでの「地域振興・環境保全アピール」を核として，地域を知る（1学年），地域に学ぶ（2学年），地域のためにともに活動する（3学年）という構成で学習を進めている。

　本単元の学習活動が設定されている2学年では，地域での職場体験学習，地域の観光振興をアピールする壁新聞制作，環境保全について考えるフィールドワークも実施している。

時	主な学習活動	◇主な支援　◆主な評価
1	観光名所である嵐山の美しい自然は，50年後も同じように楽しめるのだろうか ○嵐山に起こっている自然現象について知り，今の景観が将来的に保てるのか興味・関心を持つ。	◇景観を保存するためには，人が適切に手を加えていることに気付くようにする。 ◆身近な自然の現状と課題について，関心を持っている。 環境に興味・関心を持つ態度
2・3	フィールドワークを通して学ぼう ○地域の人や専門家とともに，クラス単位でフィールドワークに参加する。 ○生態系の保全を考えるに当たり，歴史，文化，地形の特色と，獣害対策，治山事業や適地適木，個体数調整との関連を見いだそうとする。 ○生態系保全のための今後の課題について考える。	◇実際に山に入り，課題の実態やその原因について，説明を受けながら自分の目で確かめ考えさせる。 ◇生態系の保全のため，人の手による森の整備の必要性に着目させる。　《生態系の保全》 ◆生態系を破壊する様々な要因と，長期間にわたる人々の働き掛けや社会の仕組みを関連付け，現在の嵐山が抱える課題について考えようとしている。 現実社会の課題を捉え解決策を模索する力
4～6 本時	フィールドワークから学んだことを振り返り，自分たちの考えをまとめよう ○フィールドワークでの学びを振り返る。 ○グループごとに課題を設定し，新たな疑問点について調べたり，自分たちが考えたりしたことをまとめる。 ○クラス内発表会を実施し，各グループからの発表をまとめ，報告会に向けて発表内容を吟味する。	◇学習を振り返り，気付きや発見を整理させる。 ◇現状の課題について問題意識を持たせ，その解決策についてグループで話し合いをさせる。 ◆課題について必要な情報を集め，自分たちの考えをまとめようとしている。 ◆グループで話し合い，協同（協働）して取り組もうとしている。 協同（協働）的・主体的に取り組む態度　〈関心〉
7・8	フィールドワーク報告会で考えを深めよう ○グループごとに追究した課題とその解決に向けての自分たちの考えを報告し共有する。 ○フィールドワークで学んだことを通して，未来のために今自分にできることについて考えを深める。	◆身近な自然環境に興味・関心を持ち，将来的に自然と調和して生きるために自分にできることは何かについて考えを深め，伝え合おうとしている。 環境に興味・関心を持つ態度　〈関心〉 表現力・プレゼンテーション能力

学習活動の実際（4～6／8時間）

(1) 本時の目標
　フィールドワークから学んだことや気付いたことを振り返り，グループでの意見交流を通して，環境に影響を及ぼす様々な要因を関連付けながら，嵐山の生態系保全のために自分たちにできることや，嵐山の望ましい将来像についての考えをまとめることができる。

(2) 本時の展開

主な学習活動	◇主な支援　◆主な評価
○前時までの学習を想起する。	
フィールドワークから学んだことを振り返り，自分たちの考えをまとめよう	
○フィールドワークでの学びを振り返る。 ・実際に歩いて気付いた山の様子 ・嵐山に住む動物と獣害 ・マツ枯れ等による山や周辺の自然環境の変化 ・嵐山を守るための治山事業 ・地域の人々の取組や山や地域に対する思い ・長い歴史の中で維持され続けてきた嵐山の景観が損なわれつつあることに対する懸念	◇自分たちが「知らなかったこと」や「驚いたこと」を中心に発表させる。  【フィールドワークの様子】
○環境に影響を及ぼす要因を整理する。 ・自然災害による土砂崩れ ・生態系の変化・薪から他のエネルギーへの燃料供給源の変化によるシカの繁殖 ・下層植生の消失による昆虫類や鳥類への影響 ・生態系の変化に伴う植生の変化 ・獣害対策と個体数調整	◇自分たちの気付きと環境に影響を及ぼす要因との関連を見付けさせ，そこから生態系の保全のために自分たちが主体的に取り組める方策を考えさせる。  【グループ活動の様子】
○自然と人が共生するためにできることについて，グループごとに課題を設定し，自分たちの考えをまとめる。 ・クラスごとに設定された「植生」「森と川」「災害」「獣害」「景観」「治山」の観点から，新たに生まれた疑問点を調べ，自分たちにできることや望ましい未来の嵐山像についての考えをまとめる。	◇「嵐山の地形や地質」「山を守るための工夫」「将来どんな山にしたいのか」の三つの視点を組み合わせて，課題に対して自分が考えたことをグループで話し合わせる。 ◆学んだことや気付きを様々な要因と関連付け，自然と人との関わり方を自分自身の課題として捉え，嵐山の未来についてグループで協同（協働）しながら考え，まとめようとしている。
○クラス内発表会を通して，全体報告会で伝えたいことについて意見交流をする。	協同（協働）的・主体的に取り組む態度 〈関心〉〔発表原稿・記述分析〕

(3) 本時の実際

フィールドワークで学んだことや気付いたことを振り返る

　はじめに，フィールドワークを振り返り，知らなかったことや驚いたことを発表させた。生徒たちはフィールドワークで出会った地域の人々の環境保全に対する強い思いを知り，驚きや感謝の気持ちとともに，様々な取組から「自然を守るというのは，ただ木がたくさんあればいいということではない」「木を切ることが森の未来のためには大切なことだ」といった，環境保全のためには人の手による積極的な森の管理が必要であることに気付いた。また，多くの生徒が，身近にいながらも自分たちが気付いていなかった嵐山の危機的現状に驚いていた。この危機感は，「私たちが嵐山を守らなければならない」「この現状を何とかしなければいけない」と，自分たちにできることを模索しようとする意欲を高めることとなった。そこで，「今の景観を守るために私たちには何ができるだろうか」と問い掛けると，「身近な環境に関心を持つこと」や「実際に見て知ること」が大切だという意見が多く出され，「このことをもっと知ってもらうために広める」「家族や同世代の人に伝える」など，発信することの重要性を主張する生徒もいた。中には，「中学生の自分にできることなどあまりない」と否定的な意見を言う生徒も見られたが，そのような生徒も，グループ活動での友達の発言から，本校の取組であるパレードや植樹活動を自分にできる発信や行動の手段の一つとして再認識する様子も見られたと考えられる。フィールドワークでの体験的な学びが，課題をより主体的に考えるきっかけとなったと考えられる。

自然と人が共生するために自分たちができることを考える

　次に，グループごとにクラスの大テーマに沿って，「自然と人が共生するために自分たちが積極的に関われることは何か」という視点で考えをまとめる活動を行った。振り返りで発表された友達の意見と自分の意見を統合してより具体的な解決策を提案したり，自分たちが理想とする嵐山の将来像を模索したりする姿が見られた。また，「他の地域にも嵐山と同様の問題を抱えている所があるのではないか」という新たな視点で興味を持つ生徒も現れた。さらに，人間は自然災害などを引き起こす自然の摂理とうまく折合いを付けて生きていく必要があることに気付いたり，治山事業は山を守るだけではなく，生物や人の暮らしも守るという観点からその必要性を認めたりする生徒も出てきた。

【フィールドワーク後の生徒の感想より】

本事例の活用に当たっての留意点

　本事例では校区の嵐山をフィールドに展開した。この学習に当たっては「嵐山再生研究会」の研究者，「嵐山保勝会」の地域の人々，そして林野庁近畿中国森林管理局京都・大阪森林管理事務所の担当者と学校が協働して取り組めたことが意義深かった。専門家や地域の大人からの助言は，生徒にとって地域社会について身近に考え，主体的に取り組もうという強い学習動機へとつながりやすいものとなった。

　また，本事例では，嵐山の景観と環境保全を取り上げたが，さらに今後は自然が人による意図的な管理により守られて，そのことは私たちの暮らしを守ることにもつながるという，生態系の保全の必要性に着目させたい。その上で，持続可能な社会の実現に向けて多面的，総合的な思考力や判断力を育成する活動に発展させる可能性も考えられる。未来を担う生徒たちには，実社会の問題に関わることを通して自己の変容に気付き，積極的に社会に参画していく態度を身に付ける主体性が特に重要であると考える。

事例 10

《特別活動（学校行事）》　第３学年「環境問題を身近に学ぶ修学旅行」

本事例の概要

(1) ねらい

学校行事（旅行・集団宿泊的行事）において，総合的な学習の時間での学びを生かした「環境問題を身近に学ぶ修学旅行」を実践する。さらに，探究的な体験学習を通して地域の環境問題について，興味・関心を高めるとともに自主的，実践的に問題に取り組む態度を培う。

(2) 活動の概要

修学旅行という平素とは異なる環境から，「資源の循環」や「社会貢献」などの学校や社会の一員としての役割や責任を自覚させるとともに，それを果たし，学校生活や社会生活をより良いものにしようとする自主的・実践的な態度を養うこととした。また，教員の意図的，計画的な指導の下に，生徒会活動としての日常的に取り組んできたペットボトルのキャップ回収から修学旅行における活動目標を生徒自らが持ち，事前・事後指導を通じて公共の精神を養うこととした。

まず，総合的な学習の時間において身の回りの環境問題を取り上げ，同じような環境問題に興味・関心を持った生徒を集めてグループを作り，調べ学習と発表を行った。また，修学旅行先の資源リサイクルの状況を調べたり，牛乳パックではがきを作り，実際に自分宛に郵送して自宅に届くか確かめたりするなどの活動を併せて行い，主体的な探究活動に取り組んだ。

本活動では，総合的な学習の時間で学んだ再使用（リユース）や再利用（リサイクル）を間近に見学させたり体験させたりすることで，事前の調べ学習から得た知識を身近に感じ，より一層保全活動の大切さを実感できるようにした。

さらに，本活動において，ごみ問題の解消やエコ活動を体験することで，環境問題について深く考える力を身に付けさせ，生徒一人一人が環境に対する意識や関心を高めるとともに，より良い環境をつくろうとする実践的な態度を養おうとした。

(3) 身に付けさせたい能力や態度

○環境に興味・関心を持ち，自ら関わろうとする態度〈関心〉

修学旅行を通して，平素とは異なる体験から環境問題やボランティア活動への理解を深め，日常の学習とつなげてより良い学校生活や地域の活性化に発展させようとする自主的・実践的態度を養う。

(4) 環境を捉える視点

○資源の循環

社会の情勢から使い捨ての必要性を理解するとともに，限られた資源を有効的に使いごみの発生を抑制し，再使用（リユース）や再利用（リサイクル）などの循環型社会の構築を目指そうとする態度を養う。

(5) 他教科等との関連

特別活動の一部として実施する修学旅行において，普段の生活の中から出てくる疑問や課題については，総合的な学習の時間で十分に学習を積み重ね，公害や環境に対する知識を十分に身に付けられる。その上，修学旅行で実際の循環型社会を目指す地域を見学し，課題解決を図ることで，事前に調べた知識を合わせ，より探究的に学ぶことができるようになる。そして，そうした学習の成果が地域での活動につながるように，事後指導として総合的な学習の時間に修学旅行での体験学習の内容を振り返り，今後の活動を計画・実践する。さらに，校内外の環境問題に取り組めるよう生徒会活動との関連も図る。

また，国語科では「意見文を書こう」の単元において，修学旅行で集めた環境問題の情報や資料から自分の考えを書き，ものの見方や考えを深めることができるようにする。

学習指導計画・評価計画（26時間）

時	主な学習活動	◇主な支援　◆主な評価
1〜18	**事前の学習（総合的な学習の時間）** 　　　　自分の興味のある環境問題を見付けよう！ 【課題の設定】 ・地域の環境問題を見いだし，課題を確認する。 ・環境に対するテーマを決定する。 【情報の収集】 ・各班で見いだした課題の情報をパソコンや本などを使って集め，コース内で発表する。 　①地域の川，海の問題点について 　②リサイクルの方法について 　③環境問題の未来について 　④再利用のメリットとデメリットについて 　⑤植樹の効果について 　⑥浮体式洋上風力発電について	◇修学旅行の目的に「環境問題」を取り上げることを理解させ，目標を確認させる。 ◇いくつかコースを提示し興味があるものをしっかり選択できるよう助言する。 ◆学び方やものの考え方を身に付けるとともに問題の解決や探究活動に主体的，創造的，協同的に取り組もうとしている。 　　　課題設定の力・情報収集の力
19〜24 本時	**学校行事** 　　　　見て触れて環境問題を身近に学ぼう 【課題解決の情報収集活動】 ①環境ミュージアム見学 ・北九州市の公害問題を学習する。 ②③④エコタウンセンター見学 ・リサイクルの方法や低炭素社会について学び，環境問題と未来について考える。 ・リサイクル工場を見学し資源の大切さを再確認する。 ⑤産業廃棄処分場跡地での植樹 ・動物のふん（産業廃棄物）で作った肥料を使ってマテバシイ（ドングリ）を植樹する。 ⑥風力発電見学 ・再生可能エネルギーに興味・関心を持つ。 ・浮体式洋上風力発電との違いについて知る。	◇班別の学習行動を広げるよう多様な環境ミュージアム内のブースを紹介する。 ◆班別学習での体験内容が環境学習とのつながりを持っていることを考えることができる。　　思考・判断・実践 ◇見学前に集団生活の在り方や公衆道徳などについて助言する。 ◇積極的な体験活動を促し，日頃の環境美化の実践の大切さと有効性を意識させる。 ◇情報を持ち帰り，今後の課題について考えられるように，まとめ方を助言する。 ◆総合的な学習の時間で設定した課題を，解決したり検証したりしている。 　思考・判断・実践　〈関心〉《資源の循環》
25・26	**事後の学習（総合的な学習の時間）** 　　　　環境問題を未来につなげよう！ 【整理・分析】 ○修学旅行の振り返り ・修学旅行での体験活動を通して考えたことをまとめる。 ○環境問題の振り返り ・収集した情報を整理したりまとめたりして身近な環境問題を考える。 【まとめ・表現】 ○今後の課題を挙げ，学校生活や地域の環境について実践していけるものを考える。 ○校内外での更なる具体的な活動計画を立てる。	◇集団生活の在り方を振り返らせる。 ◇今後の清掃活動や家庭でのごみ処理，公害問題について身近に考えさせる。 ◇まとめたり，考えたことを自ら発信できるように助言する。 ◆修学旅行の体験学習を通して，取り組んだことや結果を実際の場面に生かす方策を持ち，実践しようとしている。 　　　将来展望の力・社会参画の力 　　　　　　　　　　　《資源の循環》

第3章　中学校における実践事例　83

学習活動の実際（19～24／26時間）

（1）本時の目標
　修学旅行を通して，平素とは異なる体験から環境問題やボランティア活動への理解を深め，日常の学習とつなげてより良い学校生活や地域の活性化に発展させようとする自主的・実践的態度を身に付けることができる。

（2）本時の展開

主な学習活動	◇主な支援　　◆主な評価
【修学旅行のテーマ】調べ学習の内容についての探究的な体験学習 　　　　見て触れて環境問題を身近に学ぼう！ ①環境ミュージアム ・北九州市の公害問題について班別学習でブースを回りいろいろな体験をする。 ・公害に苦しんでいた時代を調べ，学習の内容と照らし合わせるとともに，環境学習を深める。 ②③④エコタウンセンター ＜再利用（リサイクル）＞ ・ペットボトル，キャップ，空き缶，廃油，チラシ広告紙などを使った再利用（リサイクル）を体験し興味のある情報を集める。 ・環境問題の発信の仕方，新聞や説明表の掲示の方法を学ぶ。 ・指導員へ質問をすることで情報を収集する。 ・各ブースを回り，班活動で調べた情報を記録する。 ＜再使用（リユース）＞ ・自動車工場で廃車になった部品が再使用されている様子を見学し，資源の循環の仕組みを理解する。 ⑤産業廃棄処分場跡地での植樹 ・動物の糞（産業廃棄物）で作った肥料を使ってマテバシイを植樹する。エコタウンを緑でいっぱいにする街の取組に共感を持ち，地域に貢献する意識を高める。 ・指導員へ質問をすることで情報を収集する。 ⑥風力発電 ・風力発電機を近くで見ることで，再生可能エネルギーについて興味，関心を持つ。 ・地域の浮体式洋上風力発電との違いについて情報を収集する。	◇いろいろな環境ミュージアム内のブースを体験するように促す。 ◆班別学習での体験内容が環境学習とのつながりを持っていることを考えることができる。 〔思考・判断・実践〕〔記述分析〕  ◇積極的な体験活動を促し，日頃の環境美化の実践の大切さと有効性を意識させる。 ◇事前学習で学習した再利用，再使用の効果や課題を探究させ，自分たちの地域への提言を考えさせる。 ◇作業に積極的に取り組ませ，指導員への質問も促し情報を収集させる。コミュニケーションを取ることで「話す」「聞く」「考える」力も身に付くよう支援をする。 ◇動物の糞（産業廃棄物）からできた肥料に直に触れさせることで，再利用（リサイクル）の意外性に興味を持たせる。 ◇エコタウンの活動内容や，仕組みについての情報から地域貢献への意識を持たせる。 ◆総合的な学習の時間で設定した課題を，解決したり検証したりしている。 〔思考・判断・実践〕 〈関心〉〔発言分析・記述分析〕

(3) 本時の実際

総合的な学習で見いだした課題や仮説を探究する

修学旅行という平素とは異なる環境から、「資源の循環」や「社会貢献」などの学校や社会の一員としての役割や責任を自覚させるために、総合的な学習の時間で、生徒の意欲・関心を高め、再利用や再使用がどのような形で地域に貢献できる活動となるかを課題として学習を行った。その中でもリサイクルに関連した製紙工場に興味を持ち、自分たちでリサイクル紙を作ってみようと活動する班が見られた。何度も失敗を繰り返しながら牛乳パックからリサイクル紙を作り、実際に郵送できるかも試した。

【牛乳パックから再生紙を作ろう】

修学旅行では資源循環型の社会をつくる取組をしている北九州市を訪問し、班活動で再利用について学習した。生徒が調べた、牛乳パックのリサイクル紙には大量の水を必要とし、その水を大切にしなければならないことや、自動車の部品や産業廃棄物である動物の糞も再利用されていることなどを知り、さらに環境問題を身近なものとして興味を持つことができた。また、マテバシイの植樹において未来の街づくりに貢献しているという実感を持つことができ、自分たちの地域貢献への意識も高められた。

今後の生徒会活動等へのつながりに気付く

修学旅行後に総合的な学習の時間で振り返りを行った。修学旅行を通して考えたことをまとめる中で、今後の自分たちや地域の課題を挙げ「ごみがあふれたらどうなるか」を生徒たちで考えた。修学旅行後に地域で開催された「長崎がんばらんば国体」における地域清掃活動は「おもてなしの心」と環境問題を考え、実践する良い機会になった。

また、長崎国体のために発足した「ぎばっと隊」の活動は五島列島に来島した選手をいろいろな形でもてなした活動だったが、国体終了後も環境ボランティア活動として学校の中で組織化され、生徒会活動とともに活発に活動している。例えば油などが入っていた一斗缶を地域の協力で集め、ごみ箱の製作を行った。製作したごみ箱は町の中に設置する計画を立てているが、生徒の中から「ごみを入れるだけでなく、ペットボトルのキャップを入れてもらおう」などの声が上がり、一つ一つの活動が更なる活動を生んでいる。

【修学旅行後の生徒の感想】

本活動は、生徒にごみ問題やエコ活動、環境保全の重要性についてこれまで以上に気付かせ、一つの活動が連鎖するように今後の生徒会活動や「ぎばっと隊」の活動へつなぐことができた。

本事例の活用に当たっての留意点

環境教育が学校生活の中で息づくためには、毎日の環境づくりを意識していく必要がある。そのため、清掃活動の時間は、自分にできる環境美化の取組はないか、汚れている所を探して行うなど、自分自身を見つめ、気付き、実践する「見つめる清掃」に取り組んでいる。さらに、上述の「ぎばっと隊」を中心とした朝のボランティア活動でも進んで校門を清掃する生徒が多く見られる。このように、環境学習の基本には毎日の清掃活動で培われた、生徒の意識があることが重要である。また、生徒の実践力が身に付くには地域との協力体制の確立も重要で、地域貢献のきっかけづくりとしても清掃活動を大切にしたい。

参考資料

〔資料1〕　　環境教育に関係するウェブサイト

〔資料2〕　　環境教育に関する主な法令等

〔資料3〕　　《道徳》「コウノトリの郷」
　　　　　　　　　　　（兵庫県道徳副読本 中学校「心かがやく」より）

〔資料4〕　　《総合的な学習の時間》① 関連資料
　　　　　　　　　　　（「岡崎市環境学習プログラム」より）

〔資料5〕　　《総合的な学習の時間》② 関連資料
　　　　　　　　　（「京都市環境教育スタンダード・ガイドライン」より）

1　環境教育に関係するウェブサイト

●文部科学省「環境教育」……………………… http://www.mext.go.jp/a_menu/shotou/kankyou/
文部科学省初等中等教育局教育課程課が運用する環境教育に関する様々な情報を網羅したWEB。

●文部科学省「総合的な学習の時間」応援団のページ
……………………… http://www.mext.go.jp/a_menu/shotou/sougou/main14_a2.htm
文部科学省初等中等教育局教育課程課が運用する総合的な学習の時間に関する様々な情報を網羅したWEB。学習活動への支援を行っている関係団体等も調べることができる。

●文部科学省「日本ユネスコ国内委員会」……………………………… http://www.mext.go.jp/unesco/
日本ユネスコ国内委員会事務局が運用するユネスコに関する様々な情報を網羅したWEB。

●環境省「環境教育・環境学習・環境保全活動のページ」……………………… https://edu.env.go.jp/
環境省環境教育推進室が運用する環境教育に関する様々な情報を幅広く網羅したWEB。

●環境省「授業に活かす環境教育―ひとめでわかる学年別・教科別ガイド―」
……………………………………………………………… https://www.eeel.go.jp/env/nerai/

●環境省「環境・循環型社会・生物多様性白書」…………… http://www.env.go.jp/policy/hakusyo/
　・白書検索　最新の白書「平成28年版」
　・環境白書の普及啓発冊子「図で見る環境白書・循環型社会白書・生物多様性白書」／
　　　　　　　　　　　　　　「こども環境白書」／「マンガで見る環境白書」

●国立環境研究所「いま地球がたいへん！」……………………… http://www.nies.go.jp/nieskids/

●公益財団法人日本環境協会「こども環境相談室」
……………………………………………………………… http://www.jeas.or.jp/activ/edu_01_00.html

●公益財団法人日本環境協会「こどもエコクラブ」……………………… http://www.j-ecoclub.jp/

●一般社団法人地球温暖化防止全国ネット
　「全国地球温暖化防止活動推進センター」……………………………… http://www.jccca.org/

●新・エネルギー環境教育情報センター ……………………………… http://www.iceee.jp/

●一般社団法人産業環境管理協会　資源・リサイクル促進センター
　「環境リサイクル学習ホームページ」……………………… http://www.cjc.or.jp/school/

●The GLOBE Program Japan ……………………… http://fsifee.u-gakugei.ac.jp/globe
　「環境のための地球規模の学習及び観測プログラム（グローブ）」

●一般財団法人都市農山漁村交流活性化機構
　「子ども農山漁村交流プロジェクトコーディネートシステム」
……………………………………………………………… http://www.kouryu.or.jp/kodomo

●林野庁「森林環境教育の推進」……………… http://www.rinya.maff.go.jp/j/sanson/kan_kyouiku/

●国際環境NGO「FoE Japan」……………………………… http://www.foejapan.org/

●日本環境教育学会 ………………………………………………………… http://www.jsoee.jp/

●一般財団法人環境イノベーション情報機構「環境用語集」
……………………………………………………………… http://www.eic.or.jp/ecoterm/?gmenu=1

●国立教育政策研究所教育課程研究センター
　「学校における持続可能な発展のための教育（ESD）に関する研究」〔最終報告書〕
……………………………………………………… http://www.nier.go.jp/kaihatsu/pdf/esd_saishuu.pdf

（平成28年10月現在）

2 環境教育に関する主な法令等

【教育全般】
- 教育基本法
- 学校教育法

【環境教育】
- 環境教育等による環境保全の取組の促進に関する法律（環境教育等促進法）
- 環境保全活動，環境保全の意欲の増進及び環境教育並びに協働取組の推進に関する基本的な方針

【環境全般】
- 環境基本法
- 環境基本計画
- 環境影響評価法

【地球環境】
- 地球温暖化対策の推進に関する法律

【公害防止】
- 大気汚染防止法
- 水質汚濁防止法
- 土壌汚染対策法
- 水銀による環境の汚染の防止に関する法律

【化学物質】
- ダイオキシン類対策特別措置法
- 化学物質の審査及び製造等の規制に関する法律
- 特定化学物質の環境への排出量の把握等及び管理の改善の促進に関する法律

【自然保護】
- 自然公園法
- 鳥獣の保護及び狩猟の適正化に関する法律
- 自然再生推進法
- 特定外来生物による生態系等に係る被害の防止に関する法律（外来生物法）
- 生物多様性国家戦略
- 地域自然資産法

【廃棄物・リサイクル】
- 廃棄物の処理及び清掃に関する法律
- 循環型社会形成推進基本法
- 容器包装に係る分別収集及び再商品化の促進等に関する法律（容器包装リサイクル法）
- 特定家庭用機器再商品化法（家電リサイクル法）
- 使用済小型電子機器等の再資源化の促進に関する法律（小型家電リサイクル法）
- 使用済自動車の再資源化等に関する法律（自動車リサイクル法）
- 国等による環境物品等の調達の推進等に関する法律（グリーン購入法）

【条約】
- オゾン層の保護のためのウィーン条約
- 有害廃棄物の国境を越える移動及びその処分の規制に関するバーゼル条約
- 気候変動に関する国際連合枠組条約

※電子政府の総合窓口 e-Gov〔イーガブ〕(http://law.e-gov.go.jp/cgi-bin/idxsearch.cgi) において，法令検索が可能です。

3　参考資料　《道徳》「コウノトリの郷」（兵庫県道徳副読本　中学校「心かがやく」より）

コウノトリの郷

二〇〇五（平成一七）年九月二十四日、「兵庫県立コウノトリの郷公園」で五羽のコウノトリが豊岡の空に放鳥された。約三千五百人が見守る中を、一羽、また一羽とコウノトリが空に舞っていく。

「おおっ」という歓声が響いた。空を見上げる人々の表情は感動に満ち、輝いていた。

コウノトリを絶滅から救うため人工飼育に踏み切ったのが一九六五（昭和四十）年。二十四年後の一九八九（平成元）年、ようやくヒナがかえり、その後ヒナが順調に増える見込みができた時、「野生復帰」に向けたプロジェクトが動きだした。その一つとして「コウノトリの郷公園」の建設が計画された。

コウノトリは翼を広げると二メートルにもなる肉食性の大型の鳥で、たくさんの食べ物を必要とする。しかし、当時の但馬の里山や田んぼの様子、農業のやり方は、コウノトリが野生で生息していた頃とはまったく違っていた。そしてたとえ、川や田んぼでエサとなる魚やカエルを探せても、農家にとっては「稲を踏む害鳥」であるという問題があった。

野生復帰など夢物語だと、だれもが思った。

人工飼育に踏み切ってから放鳥まで四十年の時を要した。長い歳月だった。この間、人工飼育に情熱を注ぎ続けた人、東京から豊岡市に家族で移り住んで野生復帰を支えた研究者、ふるさととコウノトリのために奔走した地元の人たち、行政関係者…。数え上げればきりがないたくさんの人々の夢と情熱が、コウノトリの野生復帰への道を支え、一人一人がかけがえのない物語が生まれた。

そしてこの日、実る稲穂に影を映し、空を舞うコウノトリを、見上げている人がいた。

祥雲寺地区に住む稲葉哲郎さんは東京の大学を卒業し、東京で十年近く働いていたが、都会の生活になじめないものを感じて豊岡に帰ってきた。一九七〇年代のことである。稲葉さんは豊岡に戻って久しぶりに実家の農作業を手伝った。しかし、そのあまりの変化に驚きとまどいを感じた。手作業だった田植えや稲刈りは、機械化が進み格段に楽になっていた。農薬を使うことで害虫は駆除され、稲の病気も減り、米の収穫量は大幅に増えていた。

「しかし…」と、稲葉さんはぶつかった。どうか昔の田んぼと違うような気がしてならない。雑草もなく、稲が美しく成長してはいるが、ふるさとの情景がどこか自分にはよそよそしく感じられた。

ある日、農薬を散布し終えた田んぼで思わず息をのんだ。カエルや魚が白い腹を見せて、たくさん浮かんでいたのだ。

「そうか、そうだったのか。」

昔と何かが違うと感じたのは、田んぼにいるはずの生き物がいなくなっているからだった。

あぜ道でうるさいほど飛び交っていたベタは、数えるほどしかない。夜はカエルの鳴き声の大合唱だったのに、それもほとんど聞くことはない。夏の夕やみにほのかにめくホタルの光もめっきり少なくなっていた。

子供のころは楽しかった。ウナギ、ナマズ、コイ、ドジョウ、ベタ……。いつも山や川で友達と遊んでいた。暮らしの中に数え切れないくらいの生き物がいた。

昔の思い出からふと我に返り、白い腹を見せるカエルの無残な姿にもう一度目をやった稲葉さんは、はっとした。私たちが食べる米は、このカエルを、こんなふうに殺してしまう「水」を吸い上げて育つ稲ではないか。これは田んぼの生き物の命だけではなく、人間の生命にも害を及ぼすに違いない。農業は人間の「いのち」を支える仕事だ。だとしたら、このようなやり方を続けていてはいけないはずだ。稲葉さんはそう思った。

しかし、定着して安定しつつある農業のやり方を変えるのは、よほどの勇気と覚悟がいることだった。稲葉さんは、何をどうすればよいのか、その答えを求めて、考え続けた。

「コウノトリの郷公園」建設の候補地として祥雲寺地区の名があがったのは、稲葉さんがそんなことを考えている時だった。

地区の人たちにとって、これは悩ましい問題であった。

コウノトリは稲を踏み荒らす害鳥ではあったかもしれないが、一方で、豊岡の農家の人たちが誇らしさや懐かしさを抱いているふるさとの鳥だった。

「日本では絶滅したコウノトリが、自分たちの住む土地でまたよみがえるのか」と考えると心は揺れる。けれど、人と自然が共生することが目的の公園を建設するということは、ただ土地を提供するというだけのことではない。コウノトリが生きていくための環境を考え、農業のやり方を工夫していかなければならないということだ。近代的な米づくりの方法によって、田んぼも整備され、昔の重労働からも開放され、安定した収穫が得られるようになっている今、反対する気持ちがわき上がってくるのは当然だった。

地域の農家の人たちと「コウノトリの郷公園」についての話し合いが始まった。稲葉さんはそこで、日ごろ自分が農業について考えていることを思い切って口にしてみた。すると、効率だけを目ざす農業ではいけないと考えている人が他にもいることが分かった。ただ、どうすればよいのかだれにも分からない。そこで、まずは「環境にやさしい農業」について勉強してみようということになった。何度も勉強会を開き、話し合いをもった。決断に至るまで三年間、あらゆる事柄について話し合った。絶対の自信はない、とにかく公園の話を引き受け、自分たちの地域づくりをしていこうという気持ちが固まった。

「これできっと、変わる。」

稲葉さんは、ふるさとに帰ってきた時のことを思い出していた。

話が決まると、区長さんや稲葉さんを含めた有志の人たちは研究会を立ち上げた。

稲葉さんたちは、「祥雲国と一体的な活動を推進し、コウノトリと共に暮らせる環境を創ること、そこに住む人間がすばらしい自然環境を取り戻すことになる。その結果として、生産された農産物は人間の生命を守る食の安心・安全につながる」という考えを柱として、活動を進めることにした。

　この考え方に沿って、さまざまな試みがスタートした。土地の整備が行われた。朝市の会も発足した。そして、二〇〇二（平成十四）年には祥雲寺地区全戸加入による営農組合が結成され、農業のやり方を地区一体となって考える仕組みもできた。農業だけではなく、人々の心も少しずつ変わっていった。

　二〇〇三（平成十五）年になって、稲葉さんは、無農薬・無化学肥料栽培の米づくりに初めて挑戦をした。農業の指導員が協力してくれたが、それでも夏になると田んぼにはコナギとかクログワイという雑草がびっしりと生えた。

「やっかいな草が生えてしまった。なんとか取らなくては。」

　しかし、半日かかっても、取り除けたのはたったの一列分だけだった。

「全部を取り除くのにいったい何日かかるんだろう。農薬を使えば三十分で事は済むのだが……。」

　思わずため息が出た。しかし、稲葉さんは農薬を使わなかった。ひたすら夏の田んぼで草取りをした。指導員の方たちも手伝いに来てくれたが、すべての草を取りきるのに二十日かかった。想像していた以上に無農薬栽培は大変なことだと、身をもって感じた。

　だが、秋になって驚くことが起こった。稲を刈りはじめると、あちらの株からもこちらの株からも、カエルがいっせいに跳び出してきたのだ。いったいどれだけいるのか、このうちでは見たこともないカエルの大群だった。

「これなら、コウノトリは戻ってくることができる……。」

　稲葉さんは、飛び跳ねる田んぼのカエルを眺め、思わず笑みがこぼれた。

　その年の田植えから収穫まで、周りの人々は、稲葉さんたちが苦労して作業している様子を否定的に見ていたに違いない。ところが次の年から、新たに無農薬栽培に取り組む人が現れた。稲葉さんたちのやり方を見ていて、手間もかかり不安もあるが、自分たちの健康や将来の子供たちのためになると共感したのだという。

　こうして、コウノトリと共に暮らすための地域づくりが少しずつ、一歩ずつ、しかし確かな足取りで進み始め、ついに放鳥の日を迎えたのである。

　放鳥から五年がたった豊岡は、コウノトリがいることが当たり前の町になっていた。豊岡市の農家の取り組みは、「コウノトリを育む農法」として全国から注目されるようになった。難しいと考えられていた無農薬栽培についても、工夫と研究が進んだ。

「害鳥と考えられていたコウノトリが、人間にたくさんのことを教えてくれたのだ。」

　稲葉さんは、そう思った。

「農業も、自然も、奥が深いです。」

川ではしゃぎながら魚をとっている子供たちがいる。田んぼには、えさをついばむコウノトリの姿がある。今では当たり前になりつつあるそんな光景を、稲葉さんは感慨深く見つめて言った。
「まだまだ、これからですね。」
そのひとみも表情も、さわやかに輝いていた。

※本資料の著作権は兵庫県教育委員会に帰属します。

4 参考資料 《総合的な学習の時間①》「岡崎市環境学習プログラム」（平成25年4月 岡崎市教育委員会 一部抜粋）

【資料1】環境学習プログラムの学習分野と学習対象

小学校低学年

1年生・2年生
○1年生では、自然を対象にした遊びの中で、その楽しさを実感し、自然を大切にしようと思う気持ちをもつ。
○2年生では、動植物の飼育・栽培を通して、太陽、水、土、肥料、愛情の恩恵に気付く。

［5 季節の変化と生活］
［6 身近な物の使った遊び］
［7 動植物の飼育・栽培］

小学校中学年

3年生
○動植物に対する人間社会の影響、植物の効果を実感する。
○温度上昇による地球環境への悪影響を考えていることを理解する。

［理科3年「しぜんのかんさつをしよう」
「こん虫をしらべよう」「種物をそだてよう」
「太陽のうごきと地面のようすをしらべよう」
「光のはたらきをしらべよう」］

4年生
○企業や家庭から出る大量の廃棄物が、環境に悪影響を与え、持続可能な社会の妨げになっていることを理解する。
○資源循環型社会に取り組む。
○味を高め、取り組む。
○リサイクルやリユースに比べて「リデュース」がより重要であることに気付く。

［社会科4年「ごみのしょ理と利用」］

○資源循環型社会と地球温暖化との関連性に気付く。

小学校高学年

5年生
○ネイチャーテクノロジーを知り、自分たちの生活が生物の仕組みや原理を利用していることに気付く。
○身近な地域（学校や学区など）で見られる生物や、季節ごとに見られる生物をしらべる。

［理科5年「生命のつながり」］

○学校のリーダーとして資源回収などに積極的に取り組む。
○資源回収など、学校や社会で行う活動が循環型社会の実現に密接に関わっていることを知る。それを理解する教師をひかり出す。

6年生
○日本や世界の地球温暖化とそのメカニズムを理解する。
○食について二酸化炭素排出量を減らすためにできる取り組みを実践する。

［理科6年「ものの燃え方」
「生物のくらしと自然環境」］

○マスメディアから情報を得るとともに、それらの中から適切な情報を取り上げ、考える。

中学校

中学1年生
○身近な生物が絶滅の危機に直面しているという現状を把握する。（レッドデータブック、レッドリスト）
○生物の多様性を守るために、在来種と外来種の問題について調査する。（保護、遷移）

中学2・3年生
○日常生活において、廃棄物の発生抑制や、製品の再利用、資源の再生利用等を意識した行動を工夫し、持続可能な社会づくりに向けた生活を設計する。

○地球温暖化に関する様々な情報を適切に取り入れ、自分の生活におけるキーワードや優先を理解する。
○CO2削減に関する日本や世界の様々な取組について情報を適切に取り入れ、自分の「生き方のキーワード」や優先を理解する。
○低炭素社会を実現するための取組について、五感を通じて持続可能な社会を実現するために、自分にできることを考え、取り組む。

○自治体や国、企業や学校、社会で取り組めるエコ活動のアイデアを考え、継続して取り組む。
○家庭、学校、地域での取り組みを考える。
○環境に対する受容と倫理観を持つ。
○環境の必要性を実感する。
○環境に対するグローバルで世代を超えた倫理観のあり方を考える。
○環境に対する取組の実例から、持続可能な社会を実現するために、自分にできることを考え、取り組む。

いのちあふれる 自然
【自然調和型社会】

ごみ・資源 そしで社会
【資源循環型社会】

地球の危機！ 温暖化
【低炭素社会】

ともに生きる 地球 人
【共生社会】

教科学習との関連

小学校低学年
国語「あさ」(3-①)「かぞうじ」(4-(5))
　　「いかんようめい」(3-(2))「花だん当番」(3-(2))
体育「美同運動」
図工「なんでもひろげよう」(3-(1))
　　「できらいなさらになんだよ」(3-(1))

備考
　　「医科当番を決めかえよう」特別活動1
　　「野菜パーティーを開こう」特別活動2

小学校中学年
社会「わたしたちの生きるみんなのまち」(3-(1))⑥
　　　「学校のまわり」(3)
国語「しぜんのかんじ」(3-(1))
社会科「ごみのしょ理と利用」④

「ありがとう、モンシロチョウ」(3-(1))④
「きたるきの川」(3-(2))③

環境コピーカードについて考えてみよう」特別活動3
「きたるの水はだいじょうか、困ったから」特別活動4
「エコマンデーと学ぼうごみのゆくえ」特別活動5

「次の3年生にグリーンコピーカーを伝えよう」特別活動6
自作ビデオ教材「エコマンデーと学ぼうごみのゆくえ」特別活動5
「調査を実践して報告会を開こう」特別活動6

小学校高学年
国語「森林のおくりもの」(3-(1))⑤
　　「未来に生かす自然のエネルギー」⑥
社会「わたしたちの国土と環境」(3)
理科「ものの燃え方」⑥
　　「生物のくらしと自然環境」⑥
家庭科「くらしよう朝の生活」⑥
　　　「暖かい季節を快適に」⑥

「ホタルの舞う里」(3-(1))①
「ひとふみ十年」(4-(5))①

「環境新聞をつくろう」特別活動5
「きちのくらしはだいじょうぶか、困ろう」特別活動6
「調査活動を実現して報告会を開こう」特別活動5

中学校
国語「未来を内ひらく微生物」①
　　「モアイは語る―地球の未来」②
社会「資源エネルギー問題」③
理科「だいじなエネルギー資源」③

「キャンプの思い出（係りで信頼の絆作り）」①
「愛されるゴリさん」(4-(5))②

自作ビデオ教材「尾木とコ奇妙を守ろう」
「生きているこどもを守る（サリンコの里を守る）」①
「ガンバダモコとする」①
「進路選択―働くことでどんなこと―電気体験学習―」
特別活動2

道徳との関連

【資料2】環境学習プログラムで身に付けたい資質・能力・態度

観点	小学校低学年	小学校中学年	小学校高学年	中学校
CATCH	○環境感知能力：地球規模で起きている環境破壊の現状を身近な自然との関わりから気付き、身近な環境の変化やそのメカニズムを理解し付けて理解し、その変化が自分の生活にどう関わっているかに気付くことができる。 ○思考力・判断力：身の回りにある様々な情報を選択し、判断することができる。	○動植物の飼育栽培や自然物を使った遊び、自然観察などで身近な自然とのつながりに気付きながら、身近な環境の変化に気付くことができる。 ○対象に対して愛情をもちながら、自分なりのお世話や遊び方の工夫をすることができる。	○身近な動植物の特徴（生物多様性）に触れ、会話環境との関わりの観点から課題を考えることができる。 ○人が利用してきた場所の温度上昇に気付き、動物には緑の存在が必要であることを理解することができる。 ○循環型社会の実現に向けて、3Rの活動が大切であることに気付き、活動の意欲を高めることができる。	○学校や学区周辺の自然環境で生息している生物の種類や生息場所、特徴を調べることができる。 ○身近な自然で発見できてきた生物同士のつながりから生きることを考え、学校や周辺地域の環境について考えることができる。 ○今と昔の天候が違っている現状をきっかけに、世界で地球温暖化が進んでいる現状を知り、持続可能な社会を実現するために地球温暖化のメカニズムを実験によって体験し、理解することができる。	○絶滅危惧種の存在を知り、生物多様性が脅かされている現状を調べることができる。 ○地球温暖化防止京都（エコチャレンジノート）の活動の大切さを実感することができる。 ○自治体、国、企業の温暖化対策（チャレンジ25）を理解することができる。 ○地球温暖化防止京都議定書（チャレンジ25）などの取り組みの内容を理解することができる。 ○低炭素社会の実現に向けた日本政府、世界各国の取り組みを理解することができる。
ACTION	●コミュニケーション能力：仲間やクラスの方と活動の成果を分かち合うとともに、他者と協力するようにする態度をもつことができる。 ●活動環境整備能力：活動のために身の回りの対象を認めることができる。 ●思考力・判断力：身の回りの様々な要件や持続可能性などに気付くことができる。	●クラスや学年の中間のみならず友達など、活動を通して、助けたり、一緒に考えたりすることができる。 ●自分が関わりのある対象を認めることができる。 ●飼育栽培や遊びの対象を通して、対象から見た自分たちの環境について考えることができる。	●緑を増やす活動（緑のカーテン等）の大切さに気付き、生活に取り入れるようにすることができる。 ●身近なごみ処理の仕組みや分別方法を体験的に理解し、家族で協力してごみを減らすことができる。 ●身近な自然を基に、持続可能な社会に向けた活動を体験することができる。 ●ダストジャーナリーや地域の方と触れ合いから、循環型社会を実現するための活動に取り組むことができる。 ●日常の生活でリユースを見直し、ごみを減らす活動に取り組むことができる。	○自分の興味をもって生物に関するネイチャーゲームを体験する。 ○ネイチャーテクノロジーを調べる。 ○ネイチャーテクノロジーが自然環境問題の解決策の一つになる可能性があることに気付くことができる。 ○世界全体での二酸化炭素排出量やエコに関することの特徴を理解することができる。 ○環境家計簿やエコチャレンジノートを使用して、家族で取り組むことで二酸化炭素排出量を少なくすることを体験的に理解することができる。	○生態系の変化（在来種の減少と外来種の増加）について、環境活動に取り組むための人間が生態系に与える影響について考えることができる。 ○持続可能な社会づくりに向けた自治体、企業の活動に参加したら、調査や見学を通して、企業の社会貢献の必要性を理解する。 ○職場体験学習、見学、調査を通して、自分のエコアイデアをもつことができる。 ○エコチャレンジノートを作り、自分の生活を見直していくことができる。 ○持続可能な社会をつくるために、自分のエコアイデアをいかすことができる。
REFLECTION	●環境社会設計能力：社会の公平や経済などの幅広い見地から、持続可能な社会にするためのプランを立てることができる。 ●ESD実践能力：将来のための持続可能な社会へのキーワード「提言」を認識することができる。 ●思考力・判断力：世代を超えた考えや意見をもつことができる。	●自然調和型社会・資源循環型社会のイメージを持ち、持続可能な社会に向けた自分の思いやアイデアをつくり出すことができる。 ●「緑」のもつ大切さを社会の観点から実感し、持続可能性について次の3年生に伝える方法を計画することができる。 ●「ただ」を省いた生活、ごみを減らす活動の必要性を実感し、計画・実践することができる。	○飼育栽培や遊びの中間の様子を友達同士で自分たちなりに「やってみて」の実感を味わい、その楽しさを通して自然調和型社会の実現可能性について「やってごらん」の留意点を「5つの力」と培う過程から次の3年生に伝えるためのキーワードとしてまとめることができる。	○ネイチャーテクノロジーを自然物から見付けたり、ネイチャーテクノロジーしたものを活用することができる。 ○ネイチャーテクノロジーを利用したものづくりから、未来に向けて自然と人とが共に暮らしていける持続可能な社会をつくることができる。 ○食に関して、フード・マイレージや地産地消の考え方を取り入れた生活を送るために考えることができる。 ○地球温暖化を防ぐために、自分にできることを広めることができる。 ○持続可能な活動の必要性を広めるために、計画・実践することができる。	○エコアイデア（家庭・地域・企業・持続可能な社会）を練り合いながら、自分の環境に対するキーワードをもつことができる。 ○社会・経済の観点から幅広く判断し、持続可能な社会をつくる。 ○グローバル、持続可能な倫理観の観点から幅広く判断し、世代を超えた持続可能地球の考え方を認めるため、日本のある人間として未来への環境学習を振り返り、一人の人間として小中学校9年間で、未来への環境学習に向けての提言ができる。

体験的理解力 地球温暖化のメカニズムを体験的に理解する

感性 地球の悪化を意味わい、自然にふれあうことから各生活を実感することができる

エコな視点から見たキャリア発達 自身の視点から職業とエコとな視点から見直す

意志決定能力 地球人としてグローバルな視点で判断することができる

提言する力 持続可能な社会に向けての提言

エコな視点から見たキャリア教育	体験を通して感性を養う	→	情報を選択して環境に対する観を形成する	→	行動・実践を通して社会に働きかける	→	自分の生き方や信条を構築する
グローバルな視点での思考・判断	身近な地域	→	学校や学区	→	社会	→	地球における生態系の一部
世代を乗り越えた公平感や平等観（世代間論理）	自然と私	→	仲間と私	→	生物たちと私	→	地球上の人と私	→	まだ見ぬ世代の人々と私

参考資料 95

【資料3】環境学習プログラムの学習項目

	小学校1年	小学校2年	小学校3年	小学校4年	小学校5年	小学校6年	中学校1年	中学校2年	中学校3年
学習項目	・自然の変化や自然の不思議さ ・自然の大切さ 生活科 ⑤季節の変化と生活 ⑥自然やものを使った遊び	・植物の生命と成長 ・[太陽、水、土、肥料、愛情]の恵み 生活科 ⑦動植物の飼育・栽培	・動植物の好きな場所 ・人が利用している場所の温度上昇 ・植物の暑さを抑える効果の大切さ	・大量の廃棄物の処理と再利用の実態（資源循環型社会） ・3R（リサイクル、リユース、リデュース）や5R（リフューズ、リペア）などの理解と実施	・生物のつながりやはたらき ・ネイチャーテクノロジーの理解	・地球温暖化の現状とメカニズム ・二酸化炭素排出量削減の方法 ・地球温暖化防止	・生物多様性の保護 ・在来種と外来種 ・共生社会の実現のために私たちができること	・地球温暖化のメカニズム ・持続可能な未来社会の実現のためのエコアイデアづくり ①家庭のエコ（環境家計簿、エコチャレンジノート） ②企業、自治体のエコ	・低炭素社会 ・新エネルギー開発 ・持続可能な社会の実現
主な体験・活動	・秋ビンゴゲーム ・野外での遊び ・遊びの「図鑑」づくり ・自然をテーマにした身体表現 ・自然や季節の「マップ」づくり	・野菜の栽培活動（観察、世話、実践） ・野菜への手紙	・日なたと日かげ、人工物の温度調査 ・動物、植物、温かさのマップ作り ・グリーンカーテン作り	・自宅や学校、通学路のごみ調査 ・リサイクルの調査 ・3Rのなかでもリデュースを意識したごみ減量活動	・学校、学区の自然調査 ・生きものカレンダー ・ネイチャーテクノロジー追究活動	・今と昔の天気の様子の違い調べ ・二酸化炭素を使った温度上昇実験 ・環境家計簿（エコチャレンジノート） ・フードマイレージの計算 ・[ポリコポ弁当]レシピ作り	・バイオリージョンマップ ・生物多様性についての追究活動 ・生物の保全活動	・エコクイズ ・岡崎市のエコ活動 ・環境調査の取組と報告会 ・職場体験と地元企業のエコ調べ ・エコアイデアづくり	・エコチャレンジノート ・低炭素社会未来実現カードづくり ・CO₂削減に向けた世界各国の動き ・エコ宣言づくり
学習のまとめ	・自然の「マップ」づくり ・自然と遊ぶ「そびこれ」の実践	・野菜の成長発表 ・野菜パーティー（交流、感謝）	・グリーンカーテンの片付け ・次の3年生にグリーンカーテンについて伝える活動	・リサイクルについて調べたこと（ローワークショップ）の発表会 ・キャッチフレーズやポスターによるPR活動 ・ごみ減量活動の発表（学習発表会）	・ネイチャーテクノロジー追究活動の発表 ・ネイチャーテクノロジーを生かした未来の岡崎を考える	・二酸化炭素排出量削減の方法 ・[ポリコポ弁当]レシピ作り	・生物多様性についての話し合い ・共生社会についての話し合い活動 ・おいちグリーンウェーブ活動への参加	・職場体験先や身近な事業所のエコ活動調査の発表 ・環境家計簿（エコチャレンジノート）実施報告会（エコ見直すわが家の新たなエコアイデアづくりと実践）	・低炭素社会未来実現カードを使っての話し合い ・持続可能な社会の実現のための討論会 ・エコ宣言づくり ・小中学校9年間の環境学習まとめ

ACTION

REFLECTION

※夏との比較ができる ※秋に収穫できる野菜 ※グリーンカーテン作りは1学期の実践

※社会科「ごみのしょ理と利用」と横断して実践（2学期）

※理科「ものの燃え方」後の実践

5 参考資料 《総合的な学習の時間②》「京都市環境教育スタンダード・ガイドライン」（平成28年4月　京都市教育委員会　一部抜粋）

京都市環境教育 構造図

環境問題の深刻化
地球温暖化・オゾン層の破壊・酸性雨・窒素酸化物等の排出・水質汚濁・海洋汚染・土壌汚染・熱帯林の減少・生物多様性の喪失等

環境モデル都市・京都
- 歩くまち・京都
- 低炭素型経済・生産活動の発展
- 景観と低炭素が調和したまちづくり
- 再生可能エネルギー資源の徹底的活用
- 環境にやさしい低炭素型ライフスタイルへの転換
- 市民環境ファンドの創設

国レベルでの環境教育の位置付け

◆「生命を尊ぶ，自然を大切にし，環境の保全に寄与する態度を養うこと」が教育基本法に平成18年に位置付けられ，生命及び自然を大切にする態度を養うこと，学校内外における自然体験活動の促進，また環境との関係に配慮し，行動を変革するための関心・態度・能力を育てている全ての世代への教育が学校教育法に平成19年に位置付けられた。〈ESD10年 実施計画（平成18年 改訂）〉

↓

持続可能な社会づくりに貢献できる人材の育成

環境教育で育てたい力
- ①環境に対する豊かな感性　→環境についての興味・関心，意欲の喚起
- ②環境に関する見方や考え方　→環境に関する知識や技能の習得
- ③環境に働きかける実践力，問題解決能力の育成

「環境教育で育てたい力」を支える資質や能力
- ①課題を発見する力 → 知識・技能
- ②計画を立てる力 → 学び方
- ③情報を活用する力 → 情報力
- ④推進する力 → 活用力

⑤公正に判断しようとする態度 → 判断力
⑥意志を形成しようとする態度 → 表現力
⑦主体的に参加し，問題解決しようとする態度 → 学習意欲

各教科等での環境教育スタンダード（教育課程指導例）

DO YOU KYOTO?デー（毎月16日）
全市立中・関に関わる環境教育全市活動
KES学校版「環境にやさしい学校」
京都御苑自然観察教室　こどもエコライフチャレンジ推進事業
京都市小学生エコチャレンジ
環境学習冊子の活用
京都・こどもモノづくり事業　等

社会・地域
地域清掃活動，3R活動
自然保護，緑化活動，
企業によるCSR活動　ネットワーク化…等

学校
環境教育関連事業等例
京都環境コミュニティ活動（KESCプロジェクト）
環境学習，京エコロジーセンター活動
青少年科学センター事業
長岡京市自然保護推進事業
こどもエコライフチャレンジ事業
環境学習副読本の活用
京都・こどもモノづくり事業　等

家庭
ゴミ分別，紙ごみ減量化，
省エネルギー実践，
3R実践，
節水・節電等の回収，
自然保護・環境保護活動…等

（注）〈参考〉ESDは「Education for Sustainable Development（持続可能な開発のための教育）」の略称。「体験的環境教育の10年」の「国連ESDの10年（2005～2014年）」を受け，わが国では平成18年3月に「わが国における『ESDの10年』実施計画」が策定された。

本冊子の活用に当たって

今日，地球温暖化や自然破壊など様々な環境問題が地球規模で深刻化しています。また，平成23年3月11日の東日本大震災では，未曽有の災害を経験し，私たちの暮らしの在り方や生活，社会経済構造などの見直しが迫られています。これらが健康で文化的な生活をしていく上で，一人一人が環境を大切にする態度や，環境に配慮した生活や責任ある行動をとることを通して，社会全体を持続可能なものへと変革していくことが喫緊の課題です。

平成18年の教育基本法の改正において，「生命を尊び，自然を大切にし，環境の保全に寄与する態度を養うこと」，さらに平成19年の学校教育法の改正において，「学校内外における自然体験活動の促進と，生命及び自然を大切にする精神並びに環境の保全に寄与する態度を養うこと」が，それぞれ教育の目標の一つとして位置付けられました。これを受けて，小学校では平成23年度，中学校では平成24年度から学習指導要領が全面実施されることになりました。また，京都市では平成21年1月，国から「環境モデル都市」に選定され，その行動計画の中の取組の一つとして環境教育の充実を掲げています。

本冊子は，教育課程の中で小中一貫して環境教育を推進していくためのガイドラインです。京都市立小・中学校環境教育課程指導計画と併用し，あらゆる教育活動と関連させながら，環境に対する豊かな感性，環境に関する見方や考え方をはぐくみ，環境に働きかける実践力を培うことをねらいとした本市ならではの環境教育を推進するための指針として活用していくものです。

◇「京都市立小・中学校教育課程指導計画（注1）」「教育課程指導計画掲載ページ（単元・題材等）」「環境教育上のねらい」などをまとめるとともに，「自然」「生命」「エネルギー」「地球温暖化」「ごみ」「資源」の三つのテーマごとにP3～8の一覧表にまとめております。

◇小・中学校9年間の系統的な指導のため，履修学年やサブテーマごとに，各小中学校の学習内容と位置付けが把握できるように配列し，各小学校では体験を通して情操や有限感を取り上げ，中学校ではそれぞれの特性を生かしながら学習を深められるように，より論理的，体系的に整理して掲載しております。

◇本冊子中の一覧表の ▢ が示すことができる内容となっております。

◇ベースにした環境教育スタンダード・ガイドラインは，京都市教育委員会ポータルサイトの「京都市環境教育スタンダード・ガイドライン」に記載しております。

◇各校の環境教育の実施にあたっては，「京都市立小・中学校環境教育課程指導計画」を踏まえ，各学校や学年の実情や地域の特性に応じた活動に取り組むことが大切です。児童・生徒が主体的に活動しながら学習の特性を生かして取り組むことが様々な環境教育活動や体験活動を通して，地域との連携など，総合的な学習の時間及び特別活動の関連を図ることなど，各教科，道徳，家庭，地域との連携，外国語活動（小学校），生活や学習の時間，住まいや地域での，環境教育のねらい，児童・生徒の安全を保障することに留意することが重要です。

◇環境教育に関する各教科等を踏まえた評価を行うことと，環境教育のねらいや，総合的な学習の時間及び特別活動能力などを踏まえた評価を行うことが大切です。

（注1）「各教科等」…各教科，道徳，外国語活動，総合的な学習の時間，特別活動（小学校），総合的な学習の時間・特別活動（中学校）
表紙の写真…大原学院（注）（専門家や地域等の協力により毎年校庭におこなったり…

（注）大原学院では，国際のオオミヤザキサギの飼育等を通して，住みやすい環境を与えたり，毎年校庭におこなったりしています。

環境教育指導資料【中学校編】

[本書作成協力者] （五十音順，敬称略）※職名は平成28年3月現在

岩佐	雄一	鳥取県境港市立第一中学校教諭
大川	美子	栃木県宇都宮市立陽西中学校教諭
大塚	恵理	京都市立嵯峨中学校教諭
○岡本	弥彦	岡山理科大学教授
澤田	隆文	滋賀県米原市立大東中学校教諭
武田	真和	滋賀県大津市立田上中学校教諭
◎田代	直幸	常葉大学准教授
西ヶ谷	浩史	静岡県焼津市立小川中学校教諭
早川	容子	南山学園　南山高等・中学校女子部教諭
日髙	洋子	長崎県五島市立福江中学校教諭
森	稔	静岡市教育委員会指導主事
三村	尚彦	兵庫県加西市立善防中学校教諭
山内	貴弘	愛知県岡崎市教育委員会指導主事
山下	雅文	広島大学附属福山中・高等学校教諭

◎主査　○副主査

（オブザーバー）

| 池田 | 怜司 | 環境省総合環境政策局環境教育推進室長補佐 |
| 仲 | 邦彰 | 文部科学省初等中等教育局教育課程課専門官 |

[本書作成編集担当者] ※職名は平成28年10月現在

文部科学省　国立教育政策研究所においては，次の者が担当した。

清原	洋一	初等中等教育局主任視学官（教育課程研究センター教育課程調査官）
中尾	敏朗	初等中等教育局視学官（教育課程研究センター教育課程調査官）（平成28年3月31日まで）
濵野	清	教育課程研究センター教育課程調査官
藤枝	秀樹	教育課程研究センター教育課程調査官
野内	頼一	教育課程研究センター教育課程調査官

このほか，本書編集の全般にわたり，国立教育政策研究所においては次の者が担当した。

梅澤	敦	教育課程研究センター長
佐藤	弘毅	教育課程研究センター研究開発部長
松本	吉正	教育課程研究センター研究開発部副部長（平成28年3月31日まで）
髙井	修	教育課程研究センター研究開発部研究開発課長
淀川	雅夫	教育課程研究センター研究開発部研究開発課指導係長
伊倉	剛	教育課程研究センター研究開発部研究開発課指導係長（平成28年3月31日まで）
岩切	陽平	教育課程研究センター研究開発部研究開発課指導係専門職
中里	勝也	教育課程研究センター研究開発部教育課程調査官

環境教育指導資料
【中学校編】

平成 29 年 3 月 31 日	初版発行
著作権所有	国立教育政策研究所 教育課程研究センター
発 行 者	代表者　錦織 圭之介
印 刷 者	〒390-0865　長野県松本市新橋 7-21 藤原印刷株式会社
発 行 所	〒113-0021　東京都文京区本駒込 5-16-7 株式会社東洋館出版社 電　話　　03-3823-9206

ISBN978-4-491-03343-3　　　　　定価 本体1,850円+税